Warum der Mensch nicht funktioniert, wie er sollte

Antworten der künstlichen Intelligenz auf
menschliche Fragen von Olivier Hofmann

Bibliografische Information der Deutschen Nationalbibliothek:
Die Deutsche Nationalbibliothek verzeichnet diese Publikation in der Deutschen Nationalbibliografie; detaillierte bibliografische Daten sind im Internet über http://dnb.dnb.de abrufbar.

© 2023 Olivier Hofmann

Herstellung und Verlag: BoD – Books on Demand, Norderstedt

ISBN: 978-3-7578-2494-5

Vorwort

Ein Gespenst geht um. Das Gespenst der künstlichen Intelligenz (AI). AI hat das Potenzial, viele Aspekte unseres Lebens zu verändern, von der Automatisierung von Arbeitsplätzen über die Verbesserung von Diagnose- und Behandlungsmethoden in der Medizin bis hin zur Bereitstellung personalisierter Lernerfahrungen. Gleichzeitig gibt es jedoch auch Bedenken hinsichtlich der ethischen und gesellschaftlichen Auswirkungen von AI, wie etwa Fragen der Privatsphäre, Diskriminierung, Arbeitsplatzverlust oder sogar die Kontrolle über die AI selbst.

Doch wie real ist das Gespenst? Ein Selbsttest sollte für mich Licht ins Dunkle bringen. Seit vielen Jahren beschäftigt mich die Frage, warum vieles auf dieser Welt nicht so funktioniert, wie es eigentlich funktionieren sollte oder funktionieren könnte. Was sind die Gründe und Erklärungen dafür? Bis jetzt habe ich auf diese Frage nur unzureichende Antworten bekommen. Kann mir die künstliche Intelligenz helfen, meine Frage zu beantworten? Nach einigen Versuchen wurde mir schnell klar, ja die AI kann mir helfen, Antworten auf meine Fragen zu geben. Ganz nach dem Motto «Es gibt keine dummen Fragen» habe ich ChatGPT eine Vielzahl von Fragen gestellt. Viele der Antworten von ChatGPT waren für mich wertvoll, da sie sehr schnell und ohne viel Aufwand mein Verständnis und mein Horizont erweitert haben. Dabei ist die Idee entstanden, einige der Antworten in einem Buch zu veröffentlichen. Doch darf man dies überhaupt? ChatGPT meint dazu: «Als AI-Modell habe ich keine Rechte an den von mir generierten Texten, da diese von meinem Trainingsdatensatz abgeleitet werden. Der Urheberrechtsinhaber des Trainingsdatensatzes, aus dem ich generiert wurde, behält die Rechte an diesen Texten. Wenn Sie Texte aus meiner Antwort in einem Buch veröffentlichen möchten, sollten Sie sicherstellen, dass Sie die Urheberrechte an den entsprechenden Texten besitzen oder eine Erlaubnis vom Urheberrechtsinhaber eingeholt haben.» Um sicherzustellen, dass ich keine Urheberrechtsverletzungen begehe, habe ich dieses Buch mit einem Tool auf Plagiate überprüfen lassen. Dieses fand keine Hinweise darauf, dass die Antworten von anderen Autoren übernommen wurden.

Alle Antworten in diesem Buch sind von ChatGPT Version 4.0. Sie wurden unverändert übernommen.

Inhaltsverzeichnis

Warum funktioniert der Mensch nicht so, wie er sollte?

Es ist wichtig zu beachten, dass die Fragestellung von der Annahme ausgeht, dass Menschen auf eine bestimmte Art und Weise "funktionieren sollten". Menschen sind komplexe biologische und psychologische Wesen, und es gibt keine universelle Definition dafür, wie ein Mensch "funktionieren sollte".

Dennoch gibt es einige Gründe, warum Menschen manchmal nicht so handeln oder sich verhalten, wie es von ihnen erwartet wird oder wie es für ihr eigenes Wohlergehen oder das der Gesellschaft am besten wäre:

1. Biologische Faktoren: Genetische Unterschiede, Erkrankungen oder Verletzungen können dazu führen, dass Menschen in bestimmten Situationen Schwierigkeiten haben, wie erwartet zu funktionieren.

2. Psychologische Faktoren: Individuelle Erfahrungen, einschließlich Traumata oder früherer Erfolge und Misserfolge, können die Denk- und Verhaltensmuster von Menschen beeinflussen und dazu führen, dass sie anders handeln, als es von ihnen erwartet wird.

3. Soziale Faktoren: Die sozialen Umstände und Beziehungen eines Menschen können einen erheblichen Einfluss auf seine Entscheidungen und Verhaltensweisen haben. Der Einfluss von Freunden, Familie und sozialen Normen kann dazu führen, dass Menschen in einer Weise handeln, die nicht immer optimal ist.

4. Umweltbedingungen: Die Umgebung, in der Menschen leben und arbeiten, kann ihr Verhalten beeinflussen. Faktoren wie Armut, Bildung, Arbeitsbedingungen und Zugang zu Ressourcen können die Entscheidungen von Menschen beeinflussen und dazu führen, dass sie nicht so funktionieren, wie es idealerweise der Fall wäre.

5. Kognitive Verzerrungen: Menschen sind anfällig für verschiedene kognitive Verzerrungen, die ihre Entschei-dungsfindung beeinflussen können. Beispiele dafür sind Bestätigungsfehler, Verfügbarkeitsheuristik und Ankerheuristik. Diese Verzerrungen können dazu führen, dass Menschen Entscheidungen treffen, die nicht optimal oder sogar kontraproduktiv sind.

Es ist wichtig, Empathie und Verständnis für die Komplexität menschlichen Verhaltens und Entscheidungsfindung zu haben. Jeder Mensch ist einzigartig, und es gibt viele Faktoren, die dazu beitragen können, dass er oder sie nicht immer so funktioniert, wie es von ihnen erwartet wird oder wie es für ihr Wohlergehen am besten wäre.

Welche Annahmen gibt es, dass Menschen auf eine bestimmte Art und Weise "funktionieren sollten"?

Die Annahme, dass Menschen auf eine bestimmte Art und Weise "funktionieren sollten", kann auf verschiedenen philosophischen, kulturellen, ethischen und sozialen Überzeugungen basieren. Einige dieser Annahmen beinhalten:

1. Moralische und ethische Normen: Die Gesellschaft entwickelt im Laufe der Zeit moralische und ethische Standards, die das erwartete Verhalten und Handeln der Menschen bestimmen. Diese Normen können auf religiösen oder philosophischen Überzeugungen basieren und die Art und Weise beeinflussen, wie Menschen miteinander und mit ihrer Umwelt interagieren.

2. Rechtliche und gesellschaftliche Regeln: Gesetze und gesellschaftliche Regeln sind entworfen, um das Verhalten der Menschen innerhalb einer Gemeinschaft zu regulieren. Sie legen fest, wie Menschen in bestimmten Situationen handeln sollten, um Ordnung und Sicherheit aufrechtzuerhalten und das Wohl der Gemeinschaft zu fördern.

3. Kulturelle Erwartungen: Jede Kultur hat eigene Erwartungen und Normen, die das Verhalten und die Interaktion der Menschen innerhalb dieser Kultur beeinflussen. Diese Erwartungen können sich auf Dinge wie Kommunikation, Familienstrukturen, Bildung und Arbeit beziehen.

4. Biologische und evolutionäre Annahmen: Einige Annahmen darüber, wie Menschen funktionieren sollten, basieren auf unserer biologischen und evolutionären Geschichte. Zum Beispiel wird oft angenommen, dass Menschen kooperieren und in sozialen Gruppen zusammenarbeiten sollten, weil dies in unserer evolutionären Vergangenheit zum Überleben und Erfolg der Gruppe beigetragen hat.

5. Psychologische Theorien: Verschiedene psychologische Theorien und Modelle legen nahe, dass Menschen auf bestimmte Weise funktionieren sollten, um ihre psychische Gesundheit und ihr Wohlbefinden zu fördern. Zum Beispiel betont die Humanistische Psychologie das Streben nach Selbstverwirklichung und persönlichem Wachstum, während die Kognitive Psychologie die Bedeutung von rationalen und logischen Denkprozessen hervorhebt.

Es ist wichtig zu beachten, dass diese Annahmen nicht immer universell sind und von Kultur zu Kultur, von Individuum zu Individuum und im Laufe der Zeit variieren können. Was in einer bestimmten Kultur oder zu einem bestimmten Zeitpunkt als die "richtige" Art und Weise angesehen wird, wie ein Mensch funktionieren sollte, kann sich ändern oder in einer anderen Kultur als unangemessen angesehen werden.

Welche kulturelle Erwartungen über das "richtige" Verhalten von Menschen gibt es in der Schweiz?

Die Schweiz ist ein Land mit einer vielfältigen Kultur und verschiedenen Sprachregionen (Deutsch, Französisch, Italienisch und Rätoromanisch). Trotz dieser Vielfalt gibt es einige gemeinsame kulturelle Erwartungen und Normen, die das Verhalten und die Interaktion der Menschen in der Schweiz prägen. Einige dieser Erwartungen sind:

1. Pünktlichkeit: Die Schweizer legen großen Wert auf Pünktlichkeit und erwarten, dass Menschen pünktlich zu Verabredungen, Terminen und Veranstaltungen erscheinen. Verspätungen können als unhöflich oder respektlos angesehen werden.

2. Höflichkeit und Respekt: Höflichkeit und Respekt gegenüber anderen sind in der Schweizer Kultur sehr wichtig. Das "Sie" ist in formellen Situationen und beim ersten Kennenlernen üblich, während das "Du" für enge Freunde und Familie vorbehalten ist. Grüßen und sich verabschieden, die Verwendung von Titeln und das Zuhören, ohne zu unterbrechen, sind ebenfalls wichtige Aspekte der Höflichkeit in der Schweiz.

3. Privatsphäre: Die Schweizer schätzen ihre Privatsphäre und halten oft eine gewisse Distanz zu anderen Menschen. Es ist üblich, in der Öffentlichkeit eine zurückhaltende Haltung einzunehmen und persönliche Informationen erst mit der Zeit und in engeren Beziehungen preiszugeben.

4. Ordnung und Sauberkeit: Ordnung und Sauberkeit sind in der Schweiz sehr geschätzt. Es wird erwartet, dass Menschen ihre Umgebung sauber halten und Regeln befolgen, die zur Aufrechterhaltung der Ordnung beitragen, wie das korrekte Entsorgen von Abfällen oder das Einhalten von Ruhezeiten.

5. Neutralität und Konsens: Die politische Kultur der Schweiz legt großen Wert auf Neutralität und Konsensfindung. Dies spiegelt sich auch in der Kommunikation und im Verhalten der Menschen wider. Die Schweizer sind oft zurückhaltend, wenn es darum geht, extreme Meinungen zu äußern, und bevorzugen es, Meinungsverschiedenheiten durch Kompromisse und Verhandlungen beizulegen.

6. Arbeitsethik: Die Schweizer sind bekannt für ihre starke Arbeitsmoral und ihren Fleiß. Es wird erwartet, dass Menschen ihre Arbeit ernst nehmen, Verantwortung übernehmen und engagiert und diszipliniert sind.

Es ist wichtig zu beachten, dass diese kulturellen Erwartungen je nach Region, sozialem Umfeld und individuellen Unterschieden variieren können. Die oben genannten Punkte dienen lediglich als allgemeine Orientierung und können nicht auf jede Person oder Situation in der Schweiz angewendet werden.

Wie unterscheiden sich die kulturellen Erwartungen in der Schweiz und in Deutschland?

Obwohl die Schweiz und Deutschland geografisch nahe beieinander liegen und kulturelle Ähnlichkeiten aufweisen, gibt es dennoch einige Unterschiede in den kulturellen Erwartungen der beiden Länder. Es ist wichtig zu beachten, dass dies allgemeine Beobachtungen sind und es innerhalb der Länder regionale Unterschiede geben kann.

1. Sprache: In der Schweiz werden vier Amtssprachen gesprochen: Deutsch, Französisch, Italienisch und Rätoromanisch. Schweizerdeutsch ist die am häufigsten gesprochene Variante des Deutschen und unterscheidet sich in Aussprache und Vokabular deutlich vom Hochdeutschen, das in Deutschland gesprochen wird. In Deutschland gibt es auch regionale Dialekte, aber Hochdeutsch ist die Standard- und Amtssprache.

2. Höflichkeit und Formalität: Die Schweizer gelten im Allgemeinen als zurückhaltender und höflicher als die Deutschen. In der Schweiz ist es üblich, Titel und Nachnamen zu verwenden, bis man sich besser kennt. In Deutschland ist das auch üblich, aber die Deutschen gelten als etwas direkter und offener in ihrer Kommunikation.

3. Pünktlichkeit: Sowohl in der Schweiz als auch in Deutschland wird Pünktlichkeit geschätzt. Die Schweizer sind jedoch für ihre Genauigkeit und Zuverlässigkeit in Bezug auf Zeitmanagement noch bekannter. Verspätungen werden in beiden Ländern als unhöflich angesehen.

4. Organisation und Ordnung: Die Schweizer sind für ihre Ordnungsliebe und ihren Hang zur Perfektion bekannt. Alles ist gut organisiert, und Regeln werden in der Regel befolgt. In Deutschland wird ebenfalls Wert auf Ordnung und Struktur gelegt, aber die Erwartungen können in der Schweiz noch höher sein.

5. Arbeitskultur: In der Schweiz gibt es im Vergleich zu Deutschland tendenziell weniger Hierarchien am Arbeitsplatz. Die Schweizer Arbeitskultur fördert Konsensfindung und Zusammenarbeit. In Deutschland sind die Hierarchien am Arbeitsplatz in der Regel stärker ausgeprägt, und Entscheidungen werden häufig von Führungskräften getroffen.

6. Multikulturalismus: Die Schweiz ist ein Land mit einer starken multikulturellen Prägung aufgrund der verschiedenen Sprachregionen und der hohen Anzahl von Einwanderern. In Deutschland gibt es ebenfalls kulturelle Vielfalt, aber die regionale Identität ist stärker an die deutsche Kultur und Sprache gebunden.

7. Neutralität und Politik: Die Schweiz ist für ihre politische Neutralität und ihr föderales politisches System bekannt. Das politische System in Deutschland

ist ebenfalls föderal, aber das Land spielt eine aktivere Rolle in der internationalen Politik.

Es ist wichtig, sich bewusst zu sein, dass dies allgemeine Beobachtungen sind und es innerhalb jedes Landes regionale Unterschiede und individuelle Variationen geben kann. Die Kenntnis dieser Unterschiede kann jedoch dazu beitragen, Missverständnisse und kulturelle Konflikte zu vermeiden, wenn man in der Schweiz oder in Deutschland lebt oder arbeitet.

Was muss ein Mensch machen, damit man im Kontext der abendländischen Werte sagen kann, sein Verhalten ist falsch?

"Abendländische Werte" beziehen sich im Allgemeinen auf die kulturellen, ethischen und moralischen Werte, die in den westlichen Ländern Europas und Nordamerikas vorherrschen. Es ist wichtig zu beachten, dass diese Werte keine universelle Norm darstellen und sich im Laufe der Zeit und zwischen verschiedenen westlichen Kulturen unterscheiden können.

Um im Kontext der abendländischen Werte als "falsch" angesehen zu werden, müsste ein Verhalten gegen bestimmte Grundprinzipien oder Normen verstoßen, die in vielen westlichen Gesellschaften allgemein akzeptiert sind. Einige dieser Prinzipien sind:

1. Respekt für die Rechte und Freiheiten anderer: In vielen westlichen Gesellschaften wird die Achtung der individuellen Freiheiten und Menschenrechte hoch geschätzt. Verhaltensweisen, die gegen die Rechte anderer verstoßen, wie Diskriminierung, Unterdrückung oder Gewalt, können als falsch angesehen werden.

2. Ehrlichkeit und Integrität: Lügen, betrügen, stehlen oder andere Handlungen, die gegen die Grundsätze der Ehrlichkeit und Integrität verstoßen, gelten in vielen abendländischen Kulturen als falsch.

3. Verantwortung und Rechenschaftspflicht: Es wird erwartet, dass Menschen für ihre Handlungen verantwortlich sind und die Konsequenzen ihrer Entscheidungen akzeptieren. Handlungen, die der Verantwortung entgehen oder anderen die Schuld zuschieben, können als falsch angesehen werden.

4. Fairness und Gerechtigkeit: In westlichen Gesellschaften wird Fairness und Gerechtigkeit oft als grundlegender Wert betrachtet. Handlungen, die auf Ungleichbehandlung, Vorteilsnahme oder ungerechter Behandlung anderer beruhen, gelten als falsch.

5. Respekt vor dem Gesetz: Die Einhaltung der Gesetze und Regeln einer Gesellschaft ist ein grundlegender Wert in vielen westlichen Kulturen. Gesetzesbruch oder vorsätzliche Missachtung von Regeln und Vorschriften kann als falsches Verhalten angesehen werden.

6. Empathie und Mitgefühl: In vielen abendländischen Kulturen wird erwartet, dass Menschen Empathie und Mitgefühl gegenüber anderen zeigen, insbesondere gegenüber den Schwächeren oder Bedürftigen. Handlungen, die auf Gleichgültigkeit oder Grausamkeit gegenüber anderen beruhen, gelten als falsch.

Es ist wichtig zu betonen, dass die Einschätzung, ob ein Verhalten als "falsch" angesehen wird, subjektiv ist und von kulturellen, sozialen und individuellen

Faktoren abhängt. Was in einer bestimmten Situation oder Kultur als falsch angesehen wird, kann in einer anderen als akzeptabel oder sogar als richtig angesehen werden.

Wie kann ein Mensch die Rechte und Freiheit anderer verletzten?

Es gibt viele Möglichkeiten, wie ein Mensch die Rechte und Freiheiten anderer verletzen kann. Hier sind einige Beispiele:

1. Diskriminierung: Diskriminierung aufgrund von Rasse, Geschlecht, Religion, sexueller Orientierung, Alter, Behinderung oder anderen Merkmalen kann die Rechte und Freiheiten anderer Menschen beeinträchtigen, indem sie ihnen Chancen, Ressourcen oder angemessene Behandlung vorenthalten.
2. Gewalt und Misshandlung: Körperliche oder psychische Gewalt, Bedrohung oder Einschüchterung können die persönliche Sicherheit und Freiheit anderer Menschen beeinträchtigen.
3. Verletzung der Privatsphäre: Das Eindringen in die Privatsphäre anderer Menschen, sei es durch Ausspionieren, Überwachung oder das Teilen persönlicher Informationen ohne Zustimmung, kann ihre Freiheit und Autonomie verletzen.
4. Unterdrückung der Meinungsfreiheit: Das Einschränken der Meinungsfreiheit, etwa durch Zensur, Repression oder Vergeltung gegen Menschen, die ihre Meinungen äußern, verletzt eines der grundlegendsten Menschenrechte.
5. Einschränkung der Religionsfreiheit: Das Verhindern, dass Menschen ihre Religion oder ihren Glauben frei ausüben, oder das Erzwingen bestimmter religiöser Praktiken oder Überzeugungen, verletzt die Religionsfreiheit.
6. Verweigerung des Zugangs zu Bildung, Gesundheitsversorgung oder sozialen Diensten: Indem man Menschen den Zugang zu grundlegenden Dienstleistungen verweigert oder erschwert, können ihre Rechte und Freiheiten eingeschränkt werden.
7. Ausbeutung und Menschenhandel: Menschen auszubeuten, etwa durch Zwangsarbeit, sexuelle Ausbeutung oder Menschenhandel, ist eine schwerwiegende Verletzung ihrer Grundrechte und Freiheiten.
8. Ungerechte Gesetze und Vorschriften: Gesetze und Vorschriften, die bestimmte Gruppen benachteiligen oder ihre Rechte und Freiheiten ungerechterweise einschränken, können ebenfalls zu Verletzungen führen.

Um die Rechte und Freiheiten anderer Menschen zu achten, ist es wichtig, Empathie, Respekt und Toleranz gegenüber anderen zu zeigen, unabhängig von ihren persönlichen Merkmalen, Überzeugungen oder Hintergründen. Das bedeutet, sich bewusst gegen diskriminierende oder gewalttätige Handlungen zu stellen und andere Menschen in ihrer Autonomie und Würde zu unterstützen.

Gibt es Menschen, welche die grossen Fragen unserer Zeit negieren?

Ja, es gibt Menschen, die die großen Fragen unserer Zeit negieren oder leugnen. Die Gründe dafür können vielfältig sein, wie zum Beispiel persönliche Überzeugungen, politische oder religiöse Ansichten, mangelndes Wissen oder Desinformation. Einige der großen Fragen, die von einigen Menschen negiert oder abgelehnt werden, sind:

1. Klimawandel: Trotz überwältigender wissenschaftlicher Beweise gibt es immer noch Leugner des Klimawandels, die die menschliche Verantwortung für diesen Prozess in Frage stellen oder die Auswirkungen und Dringlichkeit des Problems herunterspielen.
2. Soziale Ungleichheit: Einige Menschen glauben, dass soziale Ungleichheit keine bedeutende Rolle in der Gesellschaft spielt oder dass sie gerechtfertigt ist. Sie argumentieren, dass Unterschiede im Einkommen und Vermögen auf individuelle Fähigkeiten und harte Arbeit zurückzuführen sind, anstatt auf strukturelle Probleme oder Diskriminierung.
3. Rassismus und Diskriminierung: Obwohl viele Menschen die Probleme im Zusammenhang mit Rassismus und Diskriminierung anerkennen, gibt es einige, die solche Phänomene leugnen oder deren Auswirkungen auf Individuen und Gesellschaften herunterspielen.
4. Geschlechterungleichheit: Trotz anhaltender Bemühungen, Geschlechterungleichheit abzubauen, gibt es Menschen, die glauben, dass Geschlechterunterschiede in Bezug auf Löhne, Chancen und Rechte gerechtfertigt sind oder dass sie überhaupt nicht existieren.
5. Flüchtlingskrise und Migration: Einige Menschen negieren die Herausforderungen und humanitären Aspekte der Flüchtlingskrise und Migration. Sie können gegen offene Grenzen oder gegen eine solidarische internationale Zusammenarbeit sein, um Menschen in Not zu helfen.

Es ist wichtig, sich darüber im Klaren zu sein, dass Meinungen und Überzeugungen von einer Vielzahl von Faktoren beeinflusst werden, und es ist hilfreich, offen für den Dialog zu sein und sich stets auf verlässliche Informationen und wissenschaftliche Erkenntnisse zu stützen.

Warum reagieren Menschen nicht auf die grosse Fragen unserer Zeit?

Es gibt verschiedene Gründe, warum Menschen auf die großen Fragen unserer Zeit nicht reagieren oder handeln. Einige der Hauptgründe sind:

1. Informationsmangel: Manche Menschen sind sich der großen Fragen unserer Zeit möglicherweise nicht bewusst oder verstehen die Zusammenhänge und Auswirkungen dieser Probleme nicht vollständig.
2. Desinformation: In der heutigen Informationsgesellschaft sind Desinformation und Falschinformationen weit verbreitet. Dies kann dazu führen, dass Menschen falsche oder irreführende Informationen über wichtige Themen erhalten und daher nicht angemessen reagieren.
3. Apathie: Einige Menschen fühlen sich von den großen Fragen unserer Zeit überfordert oder entmutigt und glauben möglicherweise, dass ihr Handeln keinen Unterschied machen wird. Diese Apathie kann dazu führen, dass sie nicht aktiv werden, um Lösungen zu fördern oder umzusetzen.
4. Prioritätensetzung: Menschen haben unterschiedliche Prioritäten in ihrem Leben, und nicht jeder hat die Zeit oder die Ressourcen, um sich auf die großen Fragen unserer Zeit zu konzentrieren.
5. Politische oder ideologische Ansichten: Manche Menschen reagieren nicht auf die großen Fragen unserer Zeit, weil sie politische oder ideologische Ansichten haben, die im Widerspruch zu den vorgeschlagenen Lösungen stehen.
6. Wirtschaftliche Interessen: Einige Menschen haben wirtschaftliche Interessen, die sie dazu veranlassen, gegen Maßnahmen zu handeln, die die großen Fragen unserer Zeit adressieren.
7. Kulturelle oder religiöse Überzeugungen: Manche Menschen reagieren nicht auf die großen Fragen unserer Zeit, weil sie kulturelle oder religiöse Überzeugungen haben, die im Widerspruch zu den vorgeschlagenen Lösungen stehen.
8. Gefühl der Ohnmacht: Viele Menschen fühlen sich möglicherweise machtlos angesichts der Komplexität und des Umfangs der großen Fragen unserer Zeit. Sie glauben, dass sie als Einzelpersonen wenig bewirken können und dass Lösungen in den Händen von Regierungen, Institutionen oder Organisationen liegen.

Um Menschen dazu zu bringen, auf die großen Fragen unserer Zeit zu reagieren, ist es wichtig, das Bewusstsein für diese Themen zu schärfen, fundierte Informationen bereitzustellen und Möglichkeiten aufzuzeigen, wie jeder Einzelne dazu beitragen kann, Lösungen für diese Probleme zu finden.

Warum beschäftigen uns kleine Dinge häufig mehr als grosse?

Kleine Dinge beschäftigen uns oft mehr als große Dinge, aus verschiedenen Gründen:

1. Unmittelbarkeit: Kleine Dinge betreffen häufig unseren unmittelbaren Alltag und sind leichter wahrnehmbar. Sie können unsere Routine und unser Wohlbefinden direkt beeinflussen, was dazu führt, dass wir uns auf sie konzentrieren.

2. Kontrolle: Wir fühlen uns in der Regel stärker kontrolliert, wenn wir mit kleineren Problemen oder Situationen konfrontiert sind, da wir sie leichter bewältigen und lösen können. Große Dinge können hingegen oft überwältigend und schwerer zu bewältigen sein, wodurch wir uns möglicherweise auf die kleineren Aspekte konzentrieren, die wir beeinflussen können.

3. Kurzfristiges Denken: Menschen neigen dazu, sich auf kurzfristige Ziele und Ergebnisse zu konzentrieren. Kleine Dinge sind oft mit kurzfristigen Auswirkungen verbunden, während große Dinge eher langfristige Implikationen haben.

4. Emotionale Verbindung: Manchmal sind kleine Dinge emotional aufgeladen oder persönlich bedeutsam. In solchen Fällen können sie unsere Aufmerksamkeit und Energie auf sich ziehen, selbst wenn sie objektiv gesehen weniger wichtig sind als größere Themen.

5. Kognitive Kapazität: Unser Gehirn verfügt über begrenzte kognitive Ressourcen. Kleine Dinge sind in der Regel einfacher zu verarbeiten und zu bewältigen, und es kann weniger anstrengend sein, sich darauf zu konzentrieren.

6. Vermeidungsverhalten: Sich auf kleine Dinge zu konzentrieren, kann eine Form der Ablenkung oder des Vermeidungsverhaltens sein, wenn man mit größeren, schwierigeren oder belastenderen Fragen konfrontiert ist.

Es ist wichtig, ein Gleichgewicht zwischen der Aufmerksamkeit für kleine und große Dinge zu finden, um ein erfülltes Leben zu führen und langfristige Ziele nicht aus den Augen zu verlieren. Selbstreflexion und Priorisierung können dabei helfen, das richtige Gleichgewicht zu finden und sich auf das zu konzentrieren, was wirklich wichtig ist.

Warum kann ein Streit um eine Kleinigkeit (wie ein falsch abgestelltes Fahrrad) eskalieren?

Ein Streit um eine Kleinigkeit, wie ein falsch abgestelltes Fahrrad, kann aus verschiedenen Gründen eskalieren. Hier sind einige Faktoren, die dazu beitragen können:

1. Emotionale Reaktionen: Menschen können in emotional aufgeladenen Situationen unverhältnismäßig reagieren, besonders wenn sie bereits gestresst, müde oder gereizt sind. In solchen Fällen kann eine Kleinigkeit als Katalysator für die Freisetzung aufgestauter Emotionen dienen.

2. Missverständnisse und Fehlkommunikation: Streitigkeiten können eskalieren, wenn die beteiligten Personen sich missverstehen oder Schwierigkeiten haben, ihre Standpunkte und Gefühle klar zu kommunizieren. Fehlkommunikation kann dazu führen, dass Menschen sich angegriffen oder missachtet fühlen, auch wenn dies nicht die Absicht des anderen war.

3. Ego und Stolz: Einige Menschen haben Schwierigkeiten, nachzugeben oder sich zu entschuldigen, weil sie das Gefühl haben, dass dies ihr Selbstwertgefühl oder ihren Stolz verletzt. In solchen Fällen kann ein anfänglich kleiner Konflikt eskalieren, weil keine der Parteien bereit ist, einen Schritt zurückzutreten oder einen Kompromiss einzugehen.

4. Voreingenommenheit und Stereotypen: Menschen neigen manchmal dazu, auf der Grundlage von Voreingenommenheiten oder Stereotypen zu urteilen, was dazu führen kann, dass sie die Absichten oder Handlungen anderer falsch interpretieren. Diese Fehlurteile können dazu beitragen, dass ein Streit eskaliert.

5. Soziale Einflüsse: Die Anwesenheit oder das Eingreifen von Freunden, Familie oder anderen Zeugen kann dazu führen, dass Menschen sich in ihrer Position versteifen oder aggressiver handeln, weil sie das Gefühl haben, dass sie sich selbst oder ihre Gruppe verteidigen müssen.

6. Vorgeschichte: Wenn die beteiligten Personen bereits eine Vorgeschichte von Konflikten oder negativen Erfahrungen miteinander haben, kann dies dazu führen, dass ein Streit um eine Kleinigkeit eskaliert, weil die aktuellen Emotionen und Spannungen auf früheren Ereignissen aufbauen.

Um solche Eskalationen zu vermeiden, ist es wichtig, in Konfliktsituationen empathisch, geduldig und offen für Kommunikation zu sein. Aktives Zuhören, das Vermeiden von Anschuldigungen und das Anstreben von Lösungen, die für beide Parteien akzeptabel sind, können helfen, Streitigkeiten zu deeskalieren und eine friedliche Konfliktlösung zu erreichen.

Warum rauchen Menschen, obwohl sie wissen, dass dies gesundheitsschädlich ist?

Obwohl viele Menschen sich der gesundheitlichen Risiken des Rauchens bewusst sind, gibt es mehrere Gründe, warum sie dennoch rauchen:

1. Sucht: Nikotin, eine in Tabak enthaltene Substanz, verursacht körperliche und psychische Abhängigkeit. Menschen, die rauchen, entwickeln eine Nikotinsucht, die es schwierig macht, mit dem Rauchen aufzuhören, selbst wenn sie die gesundheitlichen Risiken kennen.

2. Sozialer Druck: In einigen sozialen Umgebungen kann Rauchen als normal oder akzeptabel angesehen werden, was dazu führt, dass Menschen anfangen zu rauchen, um dazuzugehören oder um soziale Akzeptanz zu finden. Der Einfluss von Freunden, Familie oder Kollegen kann eine starke Motivation zum Rauchen sein, insbesondere für Jugendliche und junge Erwachsene.

3. Stressabbau: Viele Raucher empfinden das Rauchen als eine Methode, um Stress abzubauen oder sich zu entspannen. Obwohl es andere gesündere Alternativen zur Stressbewältigung gibt, greifen einige Menschen aufgrund der beruhigenden Wirkung des Nikotins zum Rauchen.

4. Gewohnheit: Für einige Raucher ist das Rauchen Teil einer täglichen Routine oder eines Rituals geworden. Sie verbinden das Rauchen mit bestimmten Aktivitäten, wie dem Kaffeetrinken oder einer Pause während der Arbeit, und es kann schwierig sein, diese Gewohnheiten zu durchbrechen.

5. Risikowahrnehmung: Manche Menschen unterschätzen die gesundheitlichen Risiken des Rauchens oder glauben, dass sie selbst nicht betroffen sein werden. Sie können denken, dass sie jederzeit aufhören können, bevor sie ernsthafte Gesundheitsprobleme entwickeln, oder dass die negativen Folgen des Rauchens übertrieben sind.

6. Werbung und Marketing: In der Vergangenheit hat die Tabakindustrie Rauchen als modisch, attraktiv oder maskulin dargestellt. Obwohl die Werbung für Tabakprodukte in vielen Ländern eingeschränkt oder verboten ist, können diese Botschaften immer noch einen Einfluss auf das Rauchverhalten haben.

Um das Rauchen aufzugeben oder gar nicht erst anzufangen, ist es wichtig, sich der gesundheitlichen Risiken bewusst zu sein und Unterstützung bei der Suche nach gesünderen Alternativen zur Stressbewältigung oder zur Bewältigung sozialer Drucksituationen zu suchen. Raucherentwöhnungsprogramme, Nikotinersatztherapie und andere Hilfsmittel können ebenfalls helfen, den Nikotinentzug zu bewältigen und den Weg zu einem rauchfreien Leben zu erleichtern.

Kann es sein, dass (manche) Menschen einen kleinen kurzfristigen Vorteil höher gewichten als grosse langfristige Nachteile?

Ja, es ist tatsächlich so, dass viele Menschen dazu neigen, kurzfristige Vorteile höher zu gewichten als langfristige Nachteile. Dieses Phänomen wird als "Zeitinkonsistenz" oder "Hyperbolisches Diskontieren" in der Verhaltensökonomie und Psychologie bezeichnet.

Menschen neigen oft dazu, unmittelbare Belohnungen oder Vorteile gegenüber zukünftigen Vorteilen zu bevorzugen, auch wenn die langfristigen Vorteile größer sind. Einige Gründe für dieses Verhalten sind:

1. Ungeduld: Menschen sind oft ungeduldig und möchten sofortige Belohnungen oder Ergebnisse erzielen. Dies kann dazu führen, dass sie kurzfristige Vorteile höher gewichten als langfristige Nachteile.
2. Unsicherheit: Zukünftige Ergebnisse sind oft mit Unsicherheit verbunden. Menschen können kurzfristige Vorteile bevorzugen, weil sie sich sicherer und greifbarer anfühlen, während langfristige Ergebnisse als weniger gewiss und schwerer vorhersehbar empfunden werden.
3. Begrenzte Selbstkontrolle: Manchmal sind Menschen sich der langfristigen Folgen ihrer Entscheidungen bewusst, haben aber Schwierigkeiten, ihre Impulse oder unmittelbaren Bedürfnisse zu kontrollieren. Dies kann dazu führen, dass sie Entscheidungen treffen, die kurzfristige Vorteile bieten, auch wenn sie langfristig nachteilig sind.
4. Kognitive Verzerrungen: Menschen sind anfällig für verschiedene kognitive Verzerrungen, die ihre Entscheidungsfindung beeinflussen können. Zum Beispiel neigen sie dazu, die Verfügbarkeit von Informationen oder die Salienz von Ereignissen zu überschätzen, was dazu führen kann, dass sie kurzfristige Vorteile höher gewichten als langfristige Nachteile.

Um bessere Entscheidungen im Hinblick auf langfristige Ziele und Ergebnisse zu treffen, ist es wichtig, sich der Tendenz zur Zeitinkonsistenz bewusst zu sein und Strategien zu entwickeln, die den Fokus auf langfristige Vorteile unterstützen. Dazu gehören das Setzen realistischer Ziele, das Entwickeln von Selbstkontrolle und Disziplin und das Erlernen von Techniken zur Bewältigung von Unsicherheit und kognitiven Verzerrungen.

Warum werden viele gute Ideen, welche sachlich richtig wären, häufig nicht umgesetzt?

Es gibt mehrere Gründe, warum gute Ideen, die sachlich richtig erscheinen, häufig nicht umgesetzt werden. Einige dieser Gründe sind:

1. Ressourcenbeschränkungen: Umsetzung von Ideen erfordert oft Ressourcen wie Zeit, Geld, Arbeitskraft und Materialien. Wenn diese Ressourcen begrenzt oder knapp sind, kann dies dazu führen, dass einige gute Ideen nicht umgesetzt werden, selbst wenn sie sachlich richtig sind.
2. Widerstand gegen Veränderung: Menschen neigen dazu, an Altbewährtem festzuhalten und Veränderungen zu widerstehen, insbesondere wenn diese Veränderungen ihre Arbeitsweise, ihren Status oder ihre Komfortzone in Frage stellen. Dieser Widerstand gegen Veränderung kann dazu führen, dass gute Ideen nicht umgesetzt werden, selbst wenn sie sachlich richtig sind.
3. Kommunikationsbarrieren: Manchmal können gute Ideen aufgrund von Kommunikationsbarrieren oder mangelndem Verständnis nicht umgesetzt werden. Wenn die Befürworter einer Idee nicht in der Lage sind, ihre Idee effektiv zu kommunizieren oder andere von ihrem Wert zu überzeugen, kann dies dazu führen, dass die Idee nicht umgesetzt wird.
4. Bürokratie und Entscheidungsfindung: In vielen Organisationen kann Bürokratie und langwierige Entscheidungsfindungsprozesse dazu führen, dass gute Ideen auf der Strecke bleiben. Ineffiziente Prozesse und Verantwortlichkeiten können es schwierig machen, Innovationen umzusetzen oder schnelle Entscheidungen zu treffen.
5. Prioritäten und Zielkonflikte: Manchmal stehen gute Ideen im Wettbewerb mit anderen Prioritäten oder Zielen innerhalb einer Organisation oder eines Teams. Wenn es Zielkonflikte gibt oder andere Prioritäten höher gewichtet werden, kann dies dazu führen, dass gute Ideen nicht umgesetzt werden.
6. Risikoaversion: Manche Menschen oder Organisationen sind risikoavers und zögern, neue Ideen umzusetzen, die möglicherweise scheitern könnten oder unvorhersehbare Folgen haben. Diese Risikoaversion kann dazu führen, dass gute Ideen nicht umgesetzt werden, selbst wenn sie sachlich richtig sind.

Um sicherzustellen, dass gute Ideen umgesetzt werden, ist es wichtig, eine Kultur der Offenheit und Innovation zu fördern, effektive Kommunikation und Zusammenarbeit zu unterstützen, bürokratische Hindernisse abzubauen und Entscheidungsfindungsprozesse zu optimieren. Darüber hinaus kann es hilfreich sein, Risiken angemessen zu bewerten und zu managen, um das Potenzial von Ideen zu maximieren und die Wahrscheinlichkeit ihres Erfolgs zu erhöhen.

Wie kann man Kommunikationsbarrieren abbauen?

Das Abbauen von Kommunikationsbarrieren ist entscheidend, um effektive Zusammenarbeit, Verständnis und Zusammenhalt in Gruppen und Organisationen zu fördern. Hier sind einige Strategien, um Kommunikationsbarrieren abzubauen:

1. Aktives Zuhören: Üben Sie aktives Zuhören, indem Sie sich vollständig auf den Sprecher konzentrieren, aufmerksam zuhören und versuchen, die Perspektive des Sprechers zu verstehen. Stellen Sie Fragen, um Klarheit zu schaffen, und wiederholen Sie wichtige Punkte, um sicherzustellen, dass Sie die Informationen korrekt verstanden haben.
2. Klare und präzise Kommunikation: Vermeiden Sie Mehrdeutigkeiten und Missverständnisse, indem Sie klar und präzise kommunizieren. Geben Sie relevante Informationen weiter und strukturieren Sie Ihre Botschaften auf eine leicht verständliche Weise.
3. Nonverbale Signale beachten: Achten Sie auf nonverbale Signale, wie Körpersprache, Mimik und Gestik, um zusätzliche Informationen über die Gefühle und Einstellungen Ihres Gesprächspartners zu erhalten. Stellen Sie sicher, dass Ihre eigenen nonverbalen Signale konsistent mit Ihrer verbalen Kommunikation sind.
4. Empathie zeigen: Versuchen Sie, sich in die Lage Ihres Gesprächspartners zu versetzen, um dessen Bedenken, Perspektiven und Emotionen besser zu verstehen. Zeigen Sie Verständnis und Respekt für die Ansichten anderer, auch wenn Sie nicht zustimmen.
5. Kultur- und Sprachunterschiede berücksichtigen: Achten Sie auf kulturelle und sprachliche Unterschiede, die Kommunikationsbarrieren verursachen können. Passen Sie Ihre Kommunikationsweise an, um Missverständnisse zu vermeiden, und lernen Sie mehr über die kulturellen Normen und Erwartungen Ihrer Gesprächspartner.
6. Feedback einholen und geben: Bitten Sie um Feedback, um sicherzustellen, dass Ihre Botschaften klar verstanden wurden, und geben Sie selbst konstruktives Feedback, um die Kommunikation anderer zu verbessern.
7. Offene Kommunikationskanäle fördern: Schaffen Sie eine Umgebung, in der offene Kommunikation gefördert wird, und ermutigen Sie andere, ihre Meinungen, Ideen und Bedenken frei auszudrücken.
8. Kommunikationstechniken trainieren: Bilden Sie sich und Ihr Team in effektiven Kommunikationstechniken weiter, um das Bewusstsein für Kommunikationsbarrieren zu schärfen und die Fähigkeit zur effektiven Interaktion zu verbessern.

Indem Sie diese Strategien anwenden, können Sie Kommunikationsbarrieren abbauen und eine effektivere und harmonischere Arbeitsumgebung schaffen.

Wie kann man einen komplexen Sachverhalt so erklären, dass er von anderen Menschen verstanden wird?

Um einen komplexen Sachverhalt so zu erklären, dass er von anderen Menschen verstanden wird, können Sie die folgenden Schritte und Techniken verwenden:

1. Zielgruppe berücksichtigen: Bevor Sie beginnen, den komplexen Sachverhalt zu erklären, sollten Sie die Zielgruppe, ihr Wissen und ihre Erfahrungen berücksichtigen. Passen Sie Ihre Erklärung an das Verständnisniveau und die Bedürfnisse Ihrer Zuhörer an.
2. Strukturieren Sie die Information: Brechen Sie den komplexen Sachverhalt in kleinere, leicht verständliche Einheiten auf. Organisieren Sie diese Einheiten in einer logischen Reihenfolge, um den Informationsfluss zu strukturieren.
3. Einfache Sprache verwenden: Verwenden Sie einfache, klare und präzise Sprache, um Ihre Ideen auszudrücken. Vermeiden Sie unnötige Fachbegriffe und Jargon, die Ihre Zuhörer möglicherweise nicht verstehen.
4. Verwenden Sie Analogien und Metaphern: Um komplizierte Konzepte verständlicher zu machen, verwenden Sie Analogien und Metaphern, die Ihren Zuhörern bekannt sind. Diese können helfen, abstrakte Ideen in konkretere und vertrautere Begriffe zu übersetzen.
5. Visuelle Hilfsmittel einsetzen: Nutzen Sie visuelle Hilfsmittel wie Diagramme, Grafiken, Tabellen und Präsentationen, um komplexe Zusammenhänge und Daten zu veranschaulichen. Visuelle Hilfsmittel können es den Zuhörern erleichtern, Informationen zu verarbeiten und zu verstehen.
6. Beispiele und Geschichten verwenden: Erklären Sie den komplexen Sachverhalt anhand von Beispielen und Geschichten aus der realen Welt, die für die Zuhörer relevant und interessant sind. Geschichten können die Informationen greifbarer und einprägsamer machen.
7. Schritt für Schritt vorgehen: Erklären Sie den komplexen Sachverhalt schrittweise, um sicherzustellen, dass Ihre Zuhörer jeder Phase der Erklärung folgen können. Geben Sie ihnen Zeit, Fragen zu stellen und um Klarstellungen zu bitten, bevor Sie fortfahren.
8. Wiederholung und Zusammenfassung: Wiederholen Sie die wichtigsten Punkte und fassen Sie die Erklärung am Ende zusammen, um die Informationen zu festigen und das Verständnis Ihrer Zuhörer zu stärken.
9. Geduld und Empathie zeigen: Seien Sie geduldig und einfühlsam, wenn Sie komplexe Sachverhalte erklären. Berücksichtigen Sie die unterschiedlichen Lerngeschwindigkeiten und -stile Ihrer Zuhörer und passen Sie Ihre Herangehensweise entsprechend an.

Indem Sie diese Techniken anwenden, können Sie komplexe Sachverhalte effektiv erklären und das Verständnis Ihrer Zuhörer fördern.

Wie kann man Menschen begeistern?

Menschen zu begeistern ist eine wichtige Fähigkeit, um ihre Aufmerksamkeit und ihr Engagement zu gewinnen, sei es in persönlichen Beziehungen, bei der Arbeit oder bei öffentlichen Veranstaltungen. Hier sind einige Tipps, um Menschen zu begeistern:

1. Authentizität: Seien Sie authentisch und zeigen Sie Ihre wahre Persönlichkeit. Menschen fühlen sich eher von jemandem angezogen, der echt und aufrichtig ist.

2. Leidenschaft: Zeigen Sie Leidenschaft für das Thema oder die Idee, über die Sie sprechen. Ihre Begeisterung wird ansteckend wirken und andere dazu bringen, sich für das Thema zu interessieren.

3. Positive Energie: Verbreiten Sie positive Energie, indem Sie optimistisch, enthusiastisch und selbstbewusst auftreten. Eine positive Ausstrahlung zieht andere an und lässt sie sich gut fühlen.

4. Gemeinsame Interessen finden: Identifizieren Sie gemeinsame Interessen oder Ziele, die Sie mit Ihrem Publikum teilen, und betonen Sie diese in Ihrer Kommunikation. Das schafft eine Verbindung und hilft, die Begeisterung der Menschen zu wecken.

5. Geschichten erzählen: Verwenden Sie Geschichten, Anekdoten und Beispiele, um Ihre Ideen und Botschaften lebendig und einprägsam zu gestalten. Geschichten können Emotionen hervorrufen und das Interesse der Menschen wecken.

6. Aktives Zuhören: Zeigen Sie Interesse an den Meinungen und Bedenken Ihres Publikums, indem Sie aktiv zuhören und auf ihre Fragen und Kommentare eingehen. Menschen schätzen es, wenn sie gehört und respektiert werden.

7. Inspirieren und motivieren: Bieten Sie Inspiration und Motivation, indem Sie Ihre Vision teilen und die Menschen dazu ermutigen, ihre Träume und Ziele zu verfolgen. Zeigen Sie, dass Sie an ihr Potenzial glauben und unterstützen Sie sie auf ihrem Weg.

8. Humor einsetzen: Verwenden Sie Humor, um die Stimmung aufzulockern und die Menschen zum Lachen zu bringen. Lachen kann dazu beitragen, Barrieren abzubauen und das Publikum offener für Ihre Botschaft zu machen.

9. Klarheit und Einfachheit: Kommunizieren Sie Ihre Ideen und Botschaften klar und einfach, damit sie leicht verstanden werden können. Vermeiden Sie Fachjargon und komplizierte Erklärungen, die das Verständnis erschweren könnten.

10. Anpassungsfähigkeit: Seien Sie flexibel und passen Sie Ihren Kommunikationsstil an die Bedürfnisse und Vorlieben Ihres Publikums an.

Berücksichtigen Sie kulturelle Unterschiede, Bildungshintergründe und persönliche Erfahrungen, um eine effektive Kommunikation zu gewährleisten.

Indem Sie diese Strategien anwenden, können Sie Menschen begeistern und ihr Interesse und Engagement für Ihre Ideen und Projekte gewinnen.

Gibt es auch falsche Loyalität (Kadavergehorsam)? Wenn JA: Warum?

Ja, es gibt falsche Loyalität, auch als Kadavergehorsam oder blinden Gehorsam bezeichnet. Falsche Loyalität tritt auf, wenn jemand bedingungslos und kritiklos den Anweisungen oder Ideen einer Autoritätsperson oder einer Gruppe folgt, selbst wenn diese Anweisungen oder Ideen unethisch, schädlich oder unangemessen sind.

Es gibt mehrere Gründe, warum falsche Loyalität oder Kadavergehorsam entstehen kann:

1. Autoritätshörigkeit: Manche Menschen neigen dazu, Autoritätspersonen oder Institutionen bedingungslos zu folgen, weil sie glauben, dass diese immer richtig sind oder weil sie Angst vor den Konsequenzen haben, wenn sie nicht folgen.
2. Gruppendruck: Gruppendynamiken können dazu führen, dass Menschen ihre eigenen moralischen oder ethischen Überzeugungen aufgeben, um sich einer Gruppe anzupassen. Sie wollen dazugehören und akzeptiert werden und folgen daher blind den Normen oder Anweisungen der Gruppe.
3. Mangel an Selbstvertrauen: Menschen mit geringem Selbstvertrauen oder Selbstwertgefühl könnten ihre eigenen Urteilsvermögen oder Entscheidungen in Frage stellen und daher blind einer Autoritätsperson oder Gruppe folgen.
4. Mangel an kritischem Denken: Einige Menschen üben kein kritisches Denken aus, wenn sie aufgefordert werden, einer Autorität oder Gruppe zu folgen. Sie hinterfragen nicht die Richtigkeit oder Ethik der Anweisungen oder Ideen und folgen ihnen bedingungslos.
5. Abhängigkeit: Manche Menschen sind emotional oder finanziell von einer Autoritätsperson oder Gruppe abhängig und fürchten, dass sie ohne diese Person oder Gruppe nicht überleben oder erfolgreich sein können. Diese Abhängigkeit kann dazu führen, dass sie blind und bedingungslos folgen.

Falsche Loyalität kann gefährlich sein, weil sie dazu führen kann, dass Menschen unethisches, schädliches oder illegales Verhalten unterstützen oder tolerieren. Um falscher Loyalität entgegenzuwirken, ist es wichtig, kritisches Denken zu fördern, den Wert von individuellen Überzeugungen und Meinungen zu betonen und Menschen dazu zu ermutigen, ihre eigenen moralischen und ethischen Standards als Leitlinie für ihr Handeln zu nutzen.

Wie kann man einen Beitrag für eine bessere Welt leisten?

Es gibt viele Möglichkeiten, einen Beitrag für eine bessere Welt zu leisten. Hier sind einige Vorschläge, wie man dies tun kann:

1. Bildung: Bilde dich selbst weiter und teile dein Wissen mit anderen. Informiere dich über die großen Fragen unserer Zeit und engagiere dich in Diskussionen, um das Bewusstsein für diese Themen zu schärfen.

2. Umweltschutz: Reduziere deinen ökologischen Fußabdruck, indem du bewusst konsumierst, Energie sparst, Abfall reduzierst, öffentliche Verkehrsmittel oder umweltfreundliche Fahrzeuge nutzt und lokale Produkte kaufst. Unterstütze Umweltorganisationen und setze dich für den Schutz von natürlichen Ressourcen und Lebensräumen ein.

3. Soziales Engagement: Engagiere dich ehrenamtlich in lokalen Gemeinschaftsprojekten, Organisationen oder Initiativen, die sich für soziale Gerechtigkeit, Bildung, Gesundheit oder andere wichtige Themen einsetzen. Du kannst auch Spendensammlungen organisieren oder an Spendenaktionen teilnehmen, um gemeinnützige Organisationen zu unterstützen.

4. Politische Beteiligung: Beteilige dich aktiv an politischen Prozessen, indem du wählst, dich über politische Themen informierst, Petitionen unterzeichnest und an friedlichen Demonstrationen teilnimmst. Setze dich für politische Lösungen ein, die der Gesellschaft als Ganzes zugutekommen, und fordere deine politischen Vertreter auf, sich für eine bessere Welt einzusetzen.

5. Gleichberechtigung und Toleranz: Setze dich für die Gleichbehandlung aller Menschen unabhängig von Geschlecht, Rasse, Religion oder sozialem Status ein. Fördere Toleranz und Verständnis, indem du dich gegen Diskriminierung, Rassismus und Vorurteile ausprichst und dich für die Rechte marginalisierter Gruppen einsetzt.

6. Wirtschaftliche Verantwortung: Konsumiere und investiere verantwortungsbewusst, indem du nachhaltige und ethische Produkte und Unternehmen unterstützt. Achte auf faire Arbeitsbedingungen und umweltfreundliche Praktiken bei den Unternehmen, die du unterstützt.

7. Netzwerkbildung: Schließe dich Gruppen oder Organisationen an, die sich für eine bessere Welt einsetzen, und baue Netzwerke auf, um gemeinsam effektiver zu handeln. Zusammenarbeit und Kooperation können die Wirkung deines Engagements verstärken.

8. Persönliche Entwicklung: Arbeite kontinuierlich an deiner persönlichen Entwicklung, um offener, empathischer und verantwortungsbewusster zu werden. Respektiere andere Meinungen und sei bereit, zuzuhören und zu lernen.

Indem du diese und andere Maßnahmen ergreifst, kannst du aktiv dazu beitragen, eine bessere Welt für alle zu schaffen. Jeder Beitrag zählt, und gemeinsam können wir positive Veränderungen bewirken.

Ist man (moralisch) verpflichtet, sich für eine bessere Welt einzusetzen?

Ob man moralisch verpflichtet ist, sich für eine bessere Welt einzusetzen, hängt von der persönlichen Ethik und den moralischen Überzeugungen ab. Einige philosophische und religiöse Traditionen betonen die Bedeutung der Verantwortung gegenüber anderen Menschen und der Umwelt. Im Folgenden sind einige Argumente aufgeführt, die für eine moralische Verpflichtung sprechen könnten:

1. Empathie und Mitgefühl: Viele Menschen glauben, dass Empathie und Mitgefühl grundlegende menschliche Eigenschaften sind, die uns dazu bewegen sollten, das Leiden anderer zu lindern und eine gerechtere und nachhaltigere Welt zu schaffen.

2. Soziale Verantwortung: In vielen Kulturen und philosophischen Traditionen wird betont, dass wir als Mitglieder einer Gesellschaft soziale Verantwortung tragen. Diese Sichtweise legt nahe, dass wir eine moralische Verpflichtung haben, uns für das Wohl unserer Mitmenschen einzusetzen und das Gemeinwohl zu fördern.

3. Generationengerechtigkeit: Einige Menschen argumentieren, dass wir eine moralische Verpflichtung haben, unseren Kindern und zukünftigen Generationen eine lebenswerte Welt zu hinterlassen, indem wir uns für den Umweltschutz und die Bewältigung globaler Herausforderungen einsetzen.

4. Globale Gerechtigkeit: Angesichts der zunehmenden Vernetzung und Interdependenz der Welt können Handlungen in einem Teil der Welt erhebliche Auswirkungen auf Menschen in anderen Teilen der Welt haben. Dies legt nahe, dass wir möglicherweise eine moralische Verpflichtung haben, uns für Gerechtigkeit und Wohlergehen auf globaler Ebene einzusetzen.

5. Verantwortung für die Umwelt: Einige Menschen glauben, dass wir als Bewohner der Erde eine moralische Verpflichtung haben, unseren Planeten und seine natür-lichen Ressourcen zu schützen, um das Überleben und das Wohlergehen aller Lebewesen zu gewährleisten.

Es gibt jedoch auch Gegenargumente, die besagen, dass es keine absolute moralische Verpflichtung gibt, sich für eine bessere Welt einzusetzen. Manche Menschen glauben, dass sie nur für ihr eigenes Wohlergehen und das ihrer Familie verantwortlich sind oder dass moralische Verpflichtungen von individuellen Wertvorstellungen und Entscheidungen abhängen.

Letztendlich hängt die Frage, ob man moralisch verpflichtet ist, sich für eine bessere Welt einzusetzen, von den persönlichen Überzeugungen, Werten und ethischen Prinzipien ab, die jeder Einzelne hält.

Warum reagieren (manche) Menschen nicht auf offensichtliches Unrecht?

Es gibt verschiedene Gründe, warum manche Menschen nicht auf offensichtliches Unrecht reagieren oder eingreifen. Einige dieser Gründe sind:

1. Angst vor Konsequenzen: Einige Menschen befürchten persönliche Konsequenzen, wenn sie auf Unrecht reagieren, wie soziale Ausgrenzung, Repressalien oder sogar Gefahr für ihre eigene Sicherheit.
2. Bystander-Effekt: Der Bystander-Effekt ist ein psychologisches Phänomen, bei dem Menschen in einer Gruppe weniger wahrscheinlich eingreifen, wenn sie Zeugen eines Unrechts werden, weil sie glauben, dass jemand anderes die Verantwortung übernehmen wird.
3. Unwissenheit oder Unverständnis: Manche Menschen sind sich des Unrechts möglicherweise nicht bewusst oder verstehen die Situation nicht vollständig. Sie können die Tragweite des Problems oder ihre eigene Fähigkeit, etwas dagegen zu unternehmen, unterschätzen.
4. Diffusion der Verantwortung: In Gruppensituationen kann die Verantwortung für das Eingreifen gegen Unrecht auf viele Schultern verteilt sein, was dazu führt, dass sich Einzelpersonen weniger verantwortlich fühlen und nicht handeln.
5. Kulturelle oder soziale Normen: In manchen Fällen können kulturelle oder soziale Normen dazu führen, dass Menschen Unrecht tolerieren oder ignorieren, weil sie glauben, dass es "normal" ist oder weil sie nicht gegen die vorherrschenden Meinungen in ihrer Gemeinschaft verstoßen wollen.
6. Selbstschutz: Manche Menschen wählen, nicht auf Unrecht zu reagieren, um ihre eigenen emotionalen Bedürfnisse zu schützen, wie z. B. das Bedürfnis nach Sicherheit, Zugehörigkeit oder Selbstwertgefühl.
7. Machtlosigkeitsgefühl: Einige Menschen fühlen sich machtlos angesichts von Unrecht und glauben, dass ihr Handeln keinen Unterschied machen wird. Sie können resignieren und denken, dass das Unrecht unvermeidlich oder unveränderlich ist.
8. Bequemlichkeit oder Trägheit: Manchmal können Bequemlichkeit oder Trägheit dazu führen, dass Menschen nicht auf Unrecht reagieren, weil sie den Aufwand oder die Anstrengung scheuen, die notwendig sind, um dagegen vorzugehen.

Um Menschen dazu zu ermutigen, auf offensichtliches Unrecht zu reagieren, ist es wichtig, das Bewusstsein für diese Themen zu schärfen, Empathie und Solidarität zu fördern und Möglichkeiten aufzuzeigen, wie jeder Einzelne dazu beitragen kann, Unrecht entgegenzutreten und Veränderungen herbeizuführen.

Warum bleiben Menschen bei Ihrem Partner, obwohl dieser sie schlägt?

Es ist eine komplexe und oft schmerzhafte Frage, warum Menschen in gewalt-tätigen Beziehungen bleiben. Es gibt viele Faktoren, die dazu beitragen können, dass jemand bei einem gewalttätigen Partner bleibt. Einige dieser Gründe sind:

1. Angst: Das Opfer hat möglicherweise Angst vor weiterer Gewalt oder Eska-lation, wenn sie versuchen, die Beziehung zu verlassen. Der gewalttätige Partner könnte auch gedroht haben, das Opfer, dessen Familie oder Freunde zu verletzen, wenn sie die Beziehung beenden.

2. Abhängigkeit: Das Opfer kann wirtschaftlich, emotional oder auf andere Weise von dem gewalttätigen Partner abhängig sein. Sie könnten sich Sor-gen machen, dass sie ohne ihren Partner nicht überleben oder sich selbst versorgen können.

3. Hoffnung auf Veränderung: Einige Menschen bleiben in gewalttätigen Be-ziehungen, weil sie hoffen, dass sich ihr Partner ändern und die Gewalt aufhören wird. Sie könnten glauben, dass die Liebe, die sie für ihren Partner empfinden, ausreicht, um die Probleme in der Beziehung zu überwinden.

4. Schuldgefühle: Das Opfer fühlt sich möglicherweise für die Gewalt verant-wortlich oder glaubt, dass sie es verdient haben. Der gewalttätige Partner kann auch manipulativ sein und das Opfer dazu bringen, sich für die Gewalt verantwortlich zu fühlen.

5. Sozialer Druck: Manche Menschen bleiben in gewalttätigen Beziehungen, weil sie sich vor dem Stigma oder der Scham fürchten, die mit dem Verlas-sen eines gewalttätigen Partners verbunden sein könnten. Freunde, Familie oder kulturelle Normen können auch Druck ausüben, um die Beziehung auf-rechtzuerhalten.

6. Kinder: Wenn gemeinsame Kinder vorhanden sind, kann das Opfer der Mei-nung sein, dass es besser ist, in der Beziehung zu bleiben, um die Familie zusammenzuhalten, oder sie befürchten, dass sie das Sorgerecht verlieren, wenn sie gehen.

7. Isolation: Gewalttätige Partner isolieren ihre Opfer oft von Freunden und Familie, was es für das Opfer schwierig macht, Unterstützung oder Hilfe zu suchen. In solchen Fällen hat das Opfer möglicherweise das Gefühl, keine anderen Optionen zu haben.

8. Mangel an Ressourcen: Einige Menschen haben möglicherweise nicht die finanziellen Mittel oder den Zugang zu Ressourcen wie Unterkünften oder rechtlicher Unterstützung, die ihnen helfen könnten, die Beziehung zu ver-lassen.

Es ist wichtig, Verständnis und Empathie für Menschen in gewalttätigen Bezie-hungen zu zeigen und ihnen zu helfen, die Unterstützung und Ressourcen zu finden, die sie benötigen, um ihre Situation sicher zu verlassen. Niemand sollte

Gewalt in einer Beziehung ertragen müssen, und es gibt Hilfe für diejenigen, die bereit sind, Hilfe anzunehmen und die notwendigen Schritte zur Beendigung einer gewalttätigen Beziehung zu unternehmen.

Warum sanieren viele Eigentümer ihr (Einfamilien-) Haus nicht, obwohl dies aus energetischer Sicht nötig wäre?

Es gibt verschiedene Gründe, warum Eigentümer ihr Einfamilienhaus nicht sanieren, auch wenn dies aus energetischer Sicht notwendig wäre. Einige der Hauptgründe sind:

1. Finanzielle Kosten: Eine energetische Sanierung kann hohe Kosten verursachen. Viele Eigentümer können sich diese Ausgaben nicht leisten oder sind nicht bereit, in die Sanierung zu investieren, selbst wenn sie langfristig Energiekosten sparen könnten.

2. Unkenntnis der Vorteile: Einige Eigentümer sind sich möglicherweise nicht der Vorteile einer energetischen Sanierung bewusst, wie z. B. reduzierter Energieverbrauch, niedrigere Heizkosten oder verbesserte Wohnqualität. Ohne dieses Wissen sehen sie möglicherweise keine Notwendigkeit für eine Sanierung.

3. Komplexität des Projekts: Die Planung und Durchführung einer energetischen Sanierung kann komplex und zeitaufwendig sein. Manche Eigentümer sind von diesem Prozess abgeschreckt und zögern, sich darauf einzulassen.

4. Störungen im Alltag: Eine energetische Sanierung kann Störungen im täglichen Leben verursachen, z. B. Lärm, Schmutz oder vorübergehende Umsiedlung. Einige Eigentümer sind nicht bereit, diese Unannehmlichkeiten in Kauf zu nehmen.

5. Ästhetische Bedenken: Manche Eigentümer befürchten, dass eine energetische Sanierung das Erscheinungsbild ihres Hauses verändern könnte. Sie sorgen sich um den Verlust von architektonischen Details oder die Beeinträchtigung des äußeren Erscheinungsbildes.

6. Mangel an Informationen: Einige Eigentümer haben möglicherweise keinen Zugang zu Informationen über verfügbare Sanierungsoptionen, staatliche Förderprogramme oder Fachleute, die bei der Planung und Umsetzung einer energetischen Sanierung helfen können.

7. Unentschlossenheit oder Aufschieberitis: Manche Eigentümer erkennen zwar die Notwendigkeit einer energetischen Sanierung, zögern aber aus verschiedenen Gründen, den ersten Schritt zu tun. Sie schieben das Projekt immer wieder auf und nehmen sich vor, "irgendwann" damit zu beginnen.

Um die Sanierungsquote zu erhöhen und mehr Eigentümer zur energetischen Sanierung ihrer Häuser zu bewegen, ist es wichtig, die Vorteile und langfristigen Einsparungen durch solche Maßnahmen zu betonen, Informationen über Fördermöglichkeiten bereitzustellen und den Zugang zu Fachleuten und Ressourcen zu erleichtern.

Warum glauben manche Menschen an Sachverhalte, obwohl diese wissenschaftlich falsch sind?

Menschen glauben aus verschiedenen Gründen an Sachverhalte, obwohl sie wissenschaftlich falsch sind. Einige dieser Gründe sind:

1. Kognitive Verzerrungen: Unsere Denkprozesse sind anfällig für verschiedene kognitive Verzerrungen, die unsere Fähigkeit beeinflussen, objektive Informationen zu verarbeiten und zu bewerten. Beispiele für solche Verzerrungen sind Bestätigungsfehler, Verfügbarkeitsheuristik und Anker-Effekt.

2. Emotionale Faktoren: Emotionen können eine bedeutende Rolle dabei spielen, welche Überzeugungen wir annehmen. Manchmal wählen Menschen Glaubenssätze, die ihnen ein Gefühl der Sicherheit oder Zugehörigkeit vermitteln, auch wenn diese Glaubenssätze wissenschaftlich falsch sind.

3. Soziale Einflüsse: Menschen sind soziale Wesen und können stark von der Meinung und den Überzeugungen der Menschen um sie herum beeinflusst werden. Wenn eine Person in einer Gemeinschaft oder einem sozialen Umfeld lebt, in dem falsche Glaubenssätze weit verbreitet sind, kann sie diese Glaubenssätze übernehmen, um Teil der Gruppe zu bleiben.

4. Bildung und Informationszugang: Ein Mangel an Bildung oder der Zugang zu verlässlichen Informationen kann dazu führen, dass Menschen falschen Glaubenssätzen anhängen. Wenn Menschen nicht wissen, wie sie wissenschaftliche Erkenntnisse kritisch bewerten sollen, sind sie möglicherweise anfälliger für Fehlinformationen und unwissenschaftliche Ansichten.

5. Autoritätsglaube: Manche Menschen verlassen sich auf Autoritäten oder Experten, um ihre Überzeugungen zu formen. Wenn eine vermeintliche Autorität oder ein Experte falsche Informationen verbreitet, kann das dazu führen, dass Menschen diesen falschen Glaubenssätzen folgen.

6. Widerstand gegen Veränderung: Einige Menschen halten an falschen Überzeugungen fest, weil sie Widerstand gegen Veränderung oder das Loslassen von Glaubenssätzen haben, die sie seit langem vertreten. Es kann schwierig sein, die eigene Weltsicht zu ändern, selbst wenn sie auf falschen Annahmen beruht.

Um Menschen dabei zu helfen, wissenschaftlich fundierte Glaubenssätze anzunehmen, ist es wichtig, den Wert der wissenschaftlichen Methode und kritischen Denkens zu betonen, den Zugang zu Bildung und verlässlichen Informationen zu verbessern und eine offene, respektvolle Diskussion über verschiedene Ansichten zu fördern.

Warum verkaufen sich Sachen manchmal besser, wenn ihr Preis massiv erhöht wird?

In manchen Fällen kann eine Preiserhöhung tatsächlich dazu führen, dass sich ein Produkt besser verkauft. Dieses Phänomen kann auf verschiedene psychologische und wirtschaftliche Faktoren zurückzuführen sein:

1. Wahrgenommene Qualität: Ein höherer Preis kann bei Verbrauchern den Eindruck von besserer Qualität erwecken. Sie neigen dazu, anzunehmen, dass ein teureres Produkt höherwertig, effektiver oder langlebiger ist als ein günstigeres.

2. Prestige und sozialer Status: Manche Menschen kaufen teure Produkte, um ihren sozialen Status oder ihr Prestige zu erhöhen. Ein höherer Preis kann als Symbol für Exklusivität oder Luxus dienen und den Wunsch wecken, sich von anderen abzuheben oder sich einer bestimmten sozialen Gruppe zugehörig zu fühlen.

3. Preis-Qualitäts-Heuristik: Verbraucher verwenden häufig Preisinformationen als einfachen Indikator für die Qualität eines Produkts, insbesondere wenn sie keine detaillierten Informationen über das Produkt haben. Die Preis-Qualitäts-Heuristik kann dazu führen, dass Verbraucher ein teureres Produkt als das bessere Produkt wahrnehmen.

4. Anker-Effekt: Wenn Verbraucher Preise vergleichen, kann der erste Preis, den sie sehen, als Ankerpunkt dienen, an dem sie andere Preise messen. Wenn ein ursprünglich teures Produkt im Vergleich zu einem noch teureren Produkt günstig erscheint, kann das dazu führen, dass die Verbraucher das ursprünglich teure Produkt als "gutes Geschäft" wahrnehmen.

5. Seltenheit und Exklusivität: Ein höherer Preis kann auch den Eindruck von Seltenheit und Exklusivität erzeugen, was den Wert eines Produkts in den Augen der Verbraucher erhöhen kann. Menschen sind oft bereit, mehr für Produkte zu zahlen, die sie als einzigartig oder schwer zu finden empfinden.

6. Kognitive Dissonanzreduktion: Wenn Verbraucher für ein Produkt einen hohen Preis zahlen, neigen sie dazu, ihre Kaufentscheidung im Nachhinein zu rechtfertigen, um kognitive Dissonanz (Unstimmigkeit zwischen Verhalten und Überzeugung) zu reduzieren. Sie könnten das Produkt als wertvoller oder besser einstufen, um den hohen Preis zu rechtfertigen.

Es ist wichtig zu beachten, dass dieser Effekt nicht immer und nicht für alle Produkte gilt. In einigen Fällen kann eine Preiserhöhung die Nachfrage tatsächlich verringern, insbesondere wenn die Verbraucher preissensibel sind oder alternative Produkte zur Verfügung stehen.

Warum haben manche Menschen Schwierigkeiten, eine Entscheidung zu treffen?

Menschen haben aus verschiedenen Gründen Schwierigkeiten, Entscheidungen zu treffen. Einige der häufigsten Faktoren, die die Entscheidungsfindung beeinflussen, sind:

1. Angst vor Fehlern: Die Angst, eine falsche Entscheidung zu treffen und mit negativen Konsequenzen konfrontiert zu werden, kann dazu führen, dass Menschen zögern oder Schwierigkeiten haben, sich zu entscheiden.
2. Überwältigende Optionen: Wenn es zu viele Optionen gibt, kann es schwierig sein, die beste Entscheidung zu treffen. Dieses Phänomen wird als "Paradox der Wahl" bezeichnet. Menschen können sich überfordert fühlen und Schwierigkeiten haben, die Vor- und Nachteile jeder Option abzuwägen.
3. Unzureichende Informationen: Wenn wichtige Informationen fehlen oder unklar sind, kann es schwierig sein, eine fundierte Entscheidung zu treffen. Menschen können zögern, bis sie genügend Informationen gesammelt haben, um ihre Unsicherheit zu verringern.
4. Perfektionismus: Perfektionisten können Schwierigkeiten haben, Entscheidungen zu treffen, weil sie ständig nach der besten, fehlerfreien Option suchen. Sie könnten zögern, sich für eine Option zu entscheiden, aus Angst, eine bessere Möglichkeit zu übersehen.
5. Emotionale Faktoren: Emotionen können die Entscheidungsfindung beeinflussen, indem sie die Wahrnehmung von Risiken und Belohnungen verzerren. Stress, Angst oder starke Emotionen können dazu führen, dass Menschen Schwierigkeiten haben, klar zu denken und Entscheidungen zu treffen.
6. Kognitive Verzerrungen: Kognitive Verzerrungen, wie z. B. Bestätigungsfehler, Verfügbarkeitsheuristik oder Anker-Effekt, können die Entscheidungsfindung beeinträchtigen und zu Schwierigkeiten bei der Auswahl der besten Option führen.
7. Prokrastination: Manche Menschen haben Schwierigkeiten, Entscheidungen zu treffen, weil sie die Entscheidungsfindung aufschieben. Sie könnten sich damit beschäftigen, mehr Informationen zu sammeln oder andere Aufgaben zu erledigen, anstatt sich auf die Entscheidung zu konzentrieren.
8. Selbstzweifel und mangelndes Selbstvertrauen: Einige Menschen haben Schwierigkeiten, Entscheidungen zu treffen, weil sie an ihren Fähigkeiten oder Urteilsvermögen zweifeln. Sie könnten sich Sorgen machen, dass sie nicht in der Lage sind, die beste Entscheidung für sich selbst oder andere zu treffen.

Um die Entscheidungsfindung zu erleichtern, kann es hilfreich sein, die verfügbaren Optionen zu analysieren, mögliche Ergebnisse abzuwägen, Rat von vertrauenswürdigen Freunden oder Experten einzuholen und sich bewusst zu sein, wie emotionale und kognitive Faktoren den Entscheidungsprozess beeinflussen.

Warum gibt es Menschen, die im beruflichen Kontext sehr gut Entscheide treffen können, nicht aber im privaten Bereich?

Es gibt mehrere Gründe, warum Menschen im beruflichen Kontext bessere Entscheidungen treffen können als im privaten Bereich:

1. Klarere Ziele und Prioritäten: Im Berufsleben sind die Ziele und Prioritäten oft klarer definiert, z. B. Profitsteigerung, Kundenzufriedenheit oder Karrierefortschritt. Diese klar definierten Ziele können die Entscheidungsfindung erleichtern. Im privaten Bereich können Ziele und Prioritäten weniger klar oder widersprüchlicher sein, was zu Schwierigkeiten bei der Entscheidungsfindung führen kann.

2. Emotionale Distanz: Im beruflichen Kontext können Menschen oft rationaler und objektiver entscheiden, weil sie emotional weniger involviert sind. Im privaten Bereich können persönliche Emotionen und Beziehungen die Entscheidungsfindung beeinflussen und erschweren.

3. Erfahrung und Fachwissen: Menschen können in ihrem Berufsfeld spezifisches Fachwissen und Erfahrung haben, die ihnen helfen, informierte und effektive Entscheidungen zu treffen. Im privaten Bereich können sie weniger Erfahrung oder Kenntnisse in bestimmten Bereichen haben, was zu Unsicherheit und Schwierigkeiten bei der Entscheidungsfindung führen kann.

4. Verantwortung und Rechenschaftspflicht: Im beruflichen Kontext sind Menschen oft für ihre Entscheidungen verantwortlich und müssen Rechenschaft ablegen. Diese Verantwortung kann dazu führen, dass sie sorgfältiger und durchdachter entscheiden. Im privaten Bereich können die Konsequenzen von Entscheidungen weniger offensichtlich oder unmittelbar sein, was zu einer weniger sorgfältigen Entscheidungsfindung führen kann.

5. Struktur und Prozesse: Im Berufsleben gibt es oft etablierte Strukturen und Prozesse, die die Entscheidungsfindung unterstützen, z. B. Teammeetings, Brainstorming-Sitzungen oder Entscheidungshilfetools. Im privaten Bereich können solche Strukturen und Prozesse fehlen, was es schwieriger machen kann, eine Entscheidung zu treffen.

6. Sozialer Druck und Erwartungen: Im beruflichen Kontext können Menschen durch sozialen Druck oder Erwartungen von Kollegen, Vorgesetzten oder Kunden motiviert sein, gute Entscheidungen zu treffen. Im privaten Bereich kann dieser Druck fehlen oder anders geartet sein, was zu unterschiedlichen Entscheidungsmustern führen kann.

Es ist wichtig zu erkennen, dass die Fähigkeit, in einem Bereich gute Entscheidungen zu treffen, nicht unbedingt auf einen anderen Bereich übertragbar ist. Um die Entscheidungsfindung im privaten Bereich zu verbessern, kann es hilfreich sein, einige der im Berufsleben angewendeten Prinzipien und Strategien anzuwenden, wie z. B. klare Zielsetzung, rationale Analyse und bewusstes Abwägen von Optionen.

Welches sind mögliche Gründe, dass Menschen resignieren und aufgeben daran zu arbeiten eine Verbesserung ihrer Situation anzustreben?

Es gibt verschiedene Gründe, warum Menschen resignieren und aufgeben, eine Verbesserung ihrer Situation anzustreben:

1. Wiederholtes Scheitern: Wenn Menschen wiederholt Misserfolge erleben oder ihre Bemühungen nicht zu den gewünschten Ergebnissen führen, kann dies dazu führen, dass sie entmutigt werden und aufgeben.

2. Gefühl der Hilflosigkeit: Manche Menschen entwickeln ein Gefühl der Hilflosigkeit oder Ohnmacht, wenn sie glauben, dass sie keinen Einfluss auf ihre Situation haben. Diese Überzeugung kann dazu führen, dass sie resignieren und keine weiteren Anstrengungen unternehmen, um ihre Situation zu verbessern.

3. Mangel an Ressourcen: Ein Mangel an finanziellen, sozialen oder emotionalen Ressourcen kann es schwierig machen, positive Veränderungen herbeizuführen. Ohne die nötigen Ressourcen kann es entmutigend sein, weiterhin Anstrengungen zu unternehmen.

4. Mangel an Unterstützung: Ein Mangel an sozialer Unterstützung von Familie, Freunden oder Kollegen kann dazu führen, dass Menschen sich isoliert und entmutigt fühlen, was es schwieriger macht, ihre Situation zu verbessern.

5. Fehlende Motivation oder Zielsetzung: Ohne klare Ziele oder Motivationen kann es schwierig sein, die Energie und Entschlossenheit aufzubringen, um Veränderungen herbeizuführen. Menschen können resignieren, wenn sie nicht wissen, was sie erreichen wollen oder warum sie es erreichen wollen.

6. Kognitive Verzerrungen und negative Denkmuster: Kognitive Verzerrungen und negative Denkmuster, wie etwa Selbstzweifel, Pessimismus oder übermäßige Selbstkritik, können dazu führen, dass Menschen ihre Fähigkeiten und Chancen auf Erfolg unterschätzen, was dazu führt, dass sie resignieren und aufgeben.

7. Psychische Gesundheitsprobleme: Depression, Angst oder andere psychische Gesundheitsprobleme können die Energie, Motivation und das Selbstwertgefühl einer Person beeinträchtigen, was es schwierig macht, Veränderungen herbeizuführen und ihre Situation zu verbessern.

8. Burnout: Wenn Menschen über längere Zeit übermäßigem Stress oder Druck ausgesetzt sind, können sie ein Burnout entwickeln. Burnout kann dazu führen, dass Menschen resignieren und aufgeben, weil sie körperlich und emotional erschöpft sind.

Um Menschen dabei zu helfen, aus der Resignation herauszukommen und ihre Situation zu verbessern, ist es wichtig, Unterstützung und Ressourcen zur Verfügung zu stellen, realistische Ziele zu setzen, die Motivation zu fördern und auf die psychische Gesundheit zu achten.

Warum gibt es Menschen, die keine Führungsaufgaben übernehmen wollen?

Es gibt verschiedene Gründe, warum einige Menschen keine Führungsaufgaben übernehmen wollen. Hier sind einige mögliche Faktoren:

1. Persönlichkeitsmerkmale: Menschen haben unterschiedliche Persönlichkeitsmerkmale, und nicht jeder fühlt sich in einer Führungsrolle wohl. Einige Menschen sind introvertierter, weniger durchsetzungsstark oder bevorzugen eine unterstützende Rolle, anstatt eine Führungsposition einzunehmen.
2. Angst vor Verantwortung: Führungsaufgaben bringen oft eine große Verantwortung mit sich. Manche Menschen scheuen diese Verantwortung, weil sie Sorge haben, Fehler zu machen oder die Erwartungen nicht erfüllen zu können.
3. Mangelndes Selbstvertrauen: Einige Menschen haben nicht das Selbstvertrauen, um Führungsaufgaben zu übernehmen. Sie zweifeln an ihren Fähigkeiten und glauben, dass sie nicht über die notwendigen Kompetenzen verfügen, um erfolgreich führen zu können.
4. Zeit- und Arbeitsbelastung: Führungsaufgaben können zeitintensiv und anspruchsvoll sein. Manche Menschen sind nicht bereit oder in der Lage, die zusätzliche Arbeitsbelastung und die damit verbundenen Verpflichtungen zu bewältigen.
5. Work-Life-Balance: Einige Menschen ziehen es vor, ihre Work-Life-Balance zu wahren und Führungsrollen zu vermeiden, die möglicherweise mehr Zeit und Energie erfordern, als sie zu investieren bereit sind.
6. Bevorzugung von Fachkompetenz: Manche Menschen ziehen es vor, ihre Karriere auf die Entwicklung von Fachkompetenzen zu konzentrieren, anstatt in Führungspositionen aufzusteigen. Sie empfinden ihre Stärken und Interessen eher in fachlichen Aufgaben und weniger in der Mitarbeiterführung.
7. Angst vor Konflikten: Führungskräfte müssen oft schwierige Entscheidungen treffen und Konflikte bewältigen. Einige Menschen vermeiden lieber solche Situationen und ziehen es deshalb vor, keine Führungsaufgaben zu übernehmen.
8. Negative Erfahrungen oder Vorbilder: Manche Menschen haben negative Erfahrungen mit Führungskräften gemacht oder haben schlechte Vorbilder gehabt, die ihr Bild von Führung negativ beeinflusst haben. Dies kann dazu führen, dass sie selbst keine Führungsrolle anstreben.

Es ist wichtig zu beachten, dass Menschen unterschiedliche Stärken und Interessen haben und nicht jeder für Führungspositionen geeignet ist oder diese anstrebt. Unternehmen und Organisationen sollten darauf achten, Vielfalt in Führung und unterschiedliche Talente zu fördern, um ein ausgewogenes und erfolgreiches Arbeitsumfeld zu schaffen.

Warum nehmen Menschen ihre demokratischen Rechte nicht wahr?

Es gibt verschiedene Gründe, warum Menschen ihre demokratischen Rechte, wie zum Beispiel das Wahlrecht, nicht wahrnehmen. Hier sind einige mögliche Faktoren:

1. Politische Apathie: Manche Menschen fühlen sich politisch desinteressiert oder desillusioniert und glauben, dass ihre Stimme keinen Unterschied machen wird. Sie denken möglicherweise, dass alle politischen Parteien oder Kandidaten gleich sind oder dass das politische System insgesamt korrupt oder ineffektiv ist.

2. Mangelndes Verständnis: Einige Menschen haben möglicherweise nicht genügend Wissen über politische Themen oder den politischen Prozess und fühlen sich unsicher, wie sie ihre demokratischen Rechte ausüben sollen. Dies kann dazu führen, dass sie sich aus dem politischen Geschehen heraushalten.

3. Zeitliche oder praktische Einschränkungen: Manche Menschen haben aufgrund von Arbeit, familiären Verpflichtungen oder anderen Verantwortlichkeiten Schwierigkeiten, die Zeit oder die Möglichkeit zu finden, ihre demokratischen Rechte wahrzunehmen. Dies kann insbesondere bei Wahlen der Fall sein, wenn sie an einem bestimmten Tag zur Wahlurne gehen müssen.

4. Frustration oder Enttäuschung: Einige Menschen könnten enttäuscht sein von früheren politischen Entscheidungen oder Ergebnissen und das Gefühl haben, dass ihre Stimme oder ihr Engagement in der Vergangenheit ignoriert oder nicht berücksichtigt wurde. Diese Enttäuschung kann dazu führen, dass sie sich von der Politik abwenden.

5. Soziale oder kulturelle Barrieren: In einigen Fällen können soziale, kulturelle oder sprachliche Barrieren dazu führen, dass Menschen ihre demokratischen Rechte nicht wahrnehmen. Sie fühlen sich möglicherweise nicht willkommen oder repräsentiert im politischen System oder haben Schwierigkeiten, politische Informationen und Diskussionen in ihrer Muttersprache zu finden.

6. Eingeschränkte politische Rechte: In manchen Ländern sind die politischen Rechte eingeschränkt oder bestimmten Bevölkerungsgruppen vorenthalten. Dies kann dazu führen, dass einige Menschen ihre demokratischen Rechte nicht wahrnehmen können, selbst wenn sie dies möchten.

Um die Beteiligung an demokratischen Prozessen zu erhöhen, ist es wichtig, politische Bildung und Bewusstsein zu fördern, Zugangsbarrieren abzubauen und ein politisches System zu schaffen, das inklusiv, transparent und ansprechbar ist.

Wie soll man reagieren, wenn jemand emotional nicht angemessen reagiert?

Wenn jemand emotional unangemessen reagiert, ist es wichtig, empathisch, respektvoll und geduldig zu sein. Hier sind einige Schritte, die Ihnen helfen können, angemessen auf solche Situationen zu reagieren:

1. Bleiben Sie ruhig: Bewahren Sie Ihre Ruhe und lassen Sie sich nicht von den Emotionen der anderen Person anstecken. Atmen Sie tief durch und sprechen Sie in einem ruhigen, gelassenen Ton.

2. Zeigen Sie Verständnis: Zeigen Sie Empathie und versuchen Sie, die Gefühle der anderen Person zu verstehen. Sie können dies tun, indem Sie aktives Zuhören praktizieren und Paraphrasieren verwenden, um sicherzustellen, dass Sie die Emotionen und Bedenken der anderen Person richtig interpretieren.

3. Setzen Sie Grenzen: Wenn die Emotionen der anderen Person respektlos oder unangemessen sind, ist es wichtig, Grenzen zu setzen und klarzustellen, dass solches Verhalten nicht akzeptabel ist. Bleiben Sie dabei höflich und respektvoll.

4. Bieten Sie Unterstützung an: Fragen Sie die andere Person, ob sie Unterstützung oder Hilfe benötigt, und bieten Sie an, bei Bedarf für sie da zu sein.

5. Geben Sie Raum: Manchmal benötigen Menschen Zeit und Raum, um ihre Emotionen zu verarbeiten. Respektieren Sie das Bedürfnis der anderen Person nach Raum und geben Sie ihnen die Gelegenheit, sich zu beruhigen.

6. Vermeiden Sie Kritik oder Urteile: Kritisieren oder beurteilen Sie die andere Person nicht für ihre emotionalen Reaktionen. Jeder verarbeitet Emotionen unterschiedlich, und es ist wichtig, Verständnis und Toleranz zu zeigen.

7. Lassen Sie die andere Person sich ausdrücken: Geben Sie der anderen Person die Gelegenheit, ihre Gefühle und Sorgen zu äußern. Manchmal kann das Teilen ihrer Emotionen dazu beitragen, dass sie sich besser fühlen und die Situation besser bewältigen können.

8. Suchen Sie nach einer Lösung: Wenn möglich, arbeiten Sie gemeinsam an einer Lösung für das Problem, das die emotional unangemessene Reaktion ausgelöst hat. Dies kann dazu beitragen, dass sich die andere Person gehört und verstanden fühlt.

Es ist wichtig, sich daran zu erinnern, dass jeder Mensch einzigartig ist und unterschiedlich auf Stress oder schwierige Situationen reagiert. Seien Sie geduldig und versuchen Sie, Unterstützung und Verständnis zu zeigen, während Sie gleichzeitig angemessene Grenzen setzen.

Wie kann man negative Konsequenzen vermeiden, wenn man emotional falsch reagiert hat?

Wenn Sie emotional falsch reagiert haben, gibt es einige Schritte, die Sie unternehmen können, um negative Konsequenzen zu minimieren und die Situation zu entschärfen:

1. Entschuldigen Sie sich: Sagen Sie ehrlich "Entschuldigung" und erkennen Sie an, dass Ihre Reaktion unangemessen war. Eine aufrichtige Entschuldigung kann dazu beitragen, Vertrauen wiederherzustellen und zeigt, dass Sie Verantwortung für Ihr Verhalten übernehmen.
2. Klären Sie Ihre Gefühle: Erklären Sie, was Ihre emotionalen Reaktionen ausgelöst hat, ohne Schuld oder Rechtfertigungen zu suchen. Dies kann der anderen Person helfen, Ihre Perspektive zu verstehen und das Missverständnis zu klären.
3. Zeigen Sie Bereitschaft zur Veränderung: Geben Sie an, dass Sie daran arbeiten möchten, Ihre emotionalen Reaktionen besser zu kontrollieren, um ähnliche Situationen in der Zukunft zu vermeiden.
4. Hören Sie aktiv zu: Hören Sie der anderen Person aufmerksam zu, um ihre Gefühle und Bedenken zu verstehen. Zeigen Sie Empathie und Verständnis für deren Sichtweise.
5. Suchen Sie nach einer Lösung: Arbeiten Sie gemeinsam mit der anderen Person an einer Lösung für das Problem, das die emotionale Reaktion ausgelöst hat. Bemühen Sie sich um eine konstruktive und friedliche Lösung.
6. Lernen Sie aus der Situation: Reflektieren Sie über die Situation und identifizieren Sie Bereiche, in denen Sie Ihre emotionalen Reaktionen verbessern können. Arbeiten Sie daran, Ihre Emotionen besser zu regulieren und effektivere Kommunikationsstrategien zu entwickeln.
7. Suchen Sie bei Bedarf professionelle Hilfe: Wenn Sie Schwierigkeiten haben, Ihre Emotionen zu regulieren, ziehen Sie in Betracht, professionelle Hilfe, wie z. B. Therapie oder Beratung, in Anspruch zu nehmen, um Ihre emotionalen Fähigkeiten weiter zu entwickeln.

Es ist wichtig, sich daran zu erinnern, dass jeder Fehler macht und unangemessene emotionale Reaktionen hat. Der Schlüssel zur Minimierung negativer Konsequenzen besteht darin, Verantwortung für Ihre Handlungen zu übernehmen, sich zu entschuldigen und aus der Situation zu lernen, um zukünftige ähnliche Vorfälle zu vermeiden.

Wie kann man auch in Konfliktsituationen geduldig und empathisch bleiben?

In Konfliktsituationen geduldig und empathisch zu bleiben, kann eine Herausforderung sein, aber es ist möglich, wenn Sie einige Strategien und Techniken anwenden. Hier sind einige Tipps, um Ihnen dabei zu helfen:

1. Atmen Sie tief durch: Wenn Sie spüren, dass Ihre Geduld oder Empathie nachlässt, nehmen Sie einen Moment, um tief durchzuatmen und sich zu zentrieren. Bewusstes Atmen kann Ihnen helfen, ruhiger und klarer zu denken.
2. Praktizieren Sie aktives Zuhören: Hören Sie der anderen Person aufmerksam zu, ohne sie zu unterbrechen, und versuchen Sie, ihre Perspektive zu verstehen. Wiederholen oder paraphrasieren Sie, was die andere Person gesagt hat, um sicherzustellen, dass Sie ihre Sichtweise korrekt verstanden haben.
3. Halten Sie Ihre Emotionen in Schach: Versuchen Sie, Ihre eigenen Emotionen zu erkennen und zu kontrollieren. Nehmen Sie sich einen Moment Zeit, um Ihre Gefühle zu überprüfen, bevor Sie reagieren. Dies kann dazu beitragen, impulsives oder unangemessenes Verhalten zu vermeiden.
4. Bleiben Sie respektvoll: Auch wenn Sie mit der anderen Person nicht einverstanden sind, behandeln Sie sie respektvoll und höflich. Vermeiden Sie beleidigende oder abwertende Bemerkungen und konzentrieren Sie sich darauf, den Konflikt konstruktiv zu lösen.
5. Suchen Sie gemeinsame Interessen: Identifizieren Sie gemeinsame Ziele oder Interessen, die Sie mit der anderen Person teilen, und konzentrieren Sie sich darauf, wie Sie zusammenarbeiten können, um diese zu erreichen.
6. Vermeiden Sie Beschuldigungen: Anstatt die andere Person zu beschuldigen oder zu kritisieren, verwenden Sie "Ich"-Aussagen, um Ihre eigenen Gefühle und Bedenken auszudrücken. Dies kann dazu beitragen, defensives Verhalten zu reduzieren und eine offene Kommunikation zu fördern.
7. Nehmen Sie sich eine Pause: Wenn die Situation eskaliert oder zu intensiv wird, ziehen Sie in Betracht, eine kurze Pause zu nehmen, um sich abzukühlen und Ihre Gedanken zu sammeln.
8. Bleiben Sie lösungsorientiert: Konzentrieren Sie sich darauf, gemeinsam mit der anderen Person an einer Lösung für den Konflikt zu arbeiten. Seien Sie bereit, Kompromisse einzugehen und alternative Lösungen in Betracht zu ziehen.
9. Reflektieren Sie nach dem Konflikt: Nachdem der Konflikt gelöst ist, nehmen Sie sich Zeit, um darüber nachzudenken, was Sie gelernt haben und wie Sie in zukünftigen Konfliktsituationen geduldiger und empathischer sein können.

Indem Sie diese Strategien anwenden, können Sie dazu beitragen, dass Konfliktsituationen konstruktiver und weniger emotional belastend verlaufen.

Was versteht man unter Bestätigungsfehler, Verfügbarkeitsheuristik und Ankerheuristik?

Bestätigungsfehler, Verfügbarkeitsheuristik und Ankerheuristik sind psychologische Begriffe, die sich auf kognitive Verzerrungen und Denkmuster beziehen, die unsere Entscheidungsfindung und Wahrnehmung beeinflussen.

1. Bestätigungsfehler (Confirmation Bias): Der Bestätigungsfehler ist die Tendenz, Informationen zu suchen, zu interpretieren und sich an solche zu erinnern, die unsere bestehenden Überzeugungen oder Hypothesen bestätigen, während wir gleichzeitig widersprüchliche Informationen ignorieren oder herunterspielen. Diese kognitive Verzerrung kann dazu führen, dass wir einseitig in unserer Informationsverarbeitung sind und uns gegenüber neuen oder gegensätzlichen Informationen verschließen.

2. Verfügbarkeitsheuristik (Availability Heuristic): Die Verfügbarkeitsheuristik ist eine kognitive Verzerrung, bei der Menschen ihre Urteile und Entscheidungen auf der Grundlage der verfügbaren Informationen treffen, die ihnen leicht in den Sinn kommen. Dies bedeutet, dass Ereignisse oder Informationen, die leichter erinnerbar oder auffälliger sind, einen größeren Einfluss auf unsere Entscheidungen und Wahrnehmungen haben, als sie sollten. Die Verfügbarkeitsheuristik kann dazu führen, dass wir die Wahrscheinlichkeit von Ereignissen überschätzen, die uns leicht einfallen, während wir die Wahrscheinlichkeit von weniger verfügbaren Ereignissen unterschätzen.

3. Ankerheuristik (Anchoring Heuristic): Die Ankerheuristik ist eine kognitive Verzerrung, bei der Menschen dazu neigen, sich bei Entscheidungen oder Schätzungen zu stark auf eine anfängliche Information oder einen "Anker" zu stützen. Dies kann dazu führen, dass wir uns nicht ausreichend anpassen, wenn wir mit neuen Informationen konfrontiert werden, und zu ungenauen Schätzungen oder Urteilen führen. Ein Beispiel für die Ankerheuristik wäre, wenn jemand beim Verhandeln über den Preis eines Autos den ursprünglich angegebenen Preis als Referenzpunkt verwendet und darauf basierend seine Verhandlungen führt, anstatt den tatsächlichen Wert des Autos zu berücksichtigen.

Diese kognitiven Verzerrungen und Heuristiken beeinflussen unsere Entscheidungsfindung und Wahrnehmung auf subtile und oft unbewusste Weise. Das Verständnis dieser Denkmuster kann dazu beitragen, dass wir uns ihrer bewusst werden und versuchen, ihre Auswirkungen auf unsere Entscheidungen und Urteile zu minimieren.

Was sind die Kernaussagen der humanistischen und der kognitiven Psychologie?

Die humanistische Psychologie und die kognitive Psychologie sind zwei bedeutende Strömungen innerhalb der Psychologie, die unterschiedliche Schwerpunkte und Annahmen über menschliches Verhalten und mentale Prozesse haben.

Humanistische Psychologie:

Die humanistische Psychologie entstand in den 1950er Jahren als Reaktion auf den Behaviorismus und die Psychoanalyse. Sie betont die Einzigartigkeit des Individuums, die subjektive Erfahrung und das Streben nach Selbstverwirklichung. Die Kernaussagen der humanistischen Psychologie sind:

1. Ganzheitlichkeit: Der Mensch wird als Ganzes betrachtet, und alle Aspekte des menschlichen Erlebens und Verhaltens werden einbezogen, einschließlich körperlicher, emotionaler, geistiger und sozialer Aspekte.
2. Selbstverwirklichung: Menschen streben danach, ihr volles Potenzial auszuschöpfen und ihre Fähigkeiten und Talente optimal zu nutzen. Die Selbstverwirklichung ist ein zentrales Ziel der humanistischen Psychologie.
3. Freier Wille: Menschen haben die Fähigkeit, Entscheidungen zu treffen und ihr Leben aktiv zu gestalten. Sie sind nicht ausschließlich das Produkt ihrer Umwelt oder ihrer unbewussten Triebe.
4. Subjektive Erfahrung: Die individuelle Wahrnehmung und das Erleben der Welt sind entscheidend für das Verständnis des menschlichen Verhaltens. Jeder Mensch hat eine einzigartige Perspektive und Erfahrung.
5. Positive Natur des Menschen: Die humanistische Psychologie betont die positiven Aspekte des menschlichen Verhaltens und die Fähigkeit zur persönlichen Entwicklung und Wachstum.

Kognitive Psychologie:

Die kognitive Psychologie konzentriert sich auf die mentalen Prozesse, die dem menschlichen Verhalten zugrunde liegen, wie Denken, Lernen, Wahrnehmung, Gedächtnis und Entscheidungsfindung. Sie entstand in den 1950er und 1960er Jahren als Reaktion auf den Behaviorismus. Die Kernaussagen der kognitiven Psychologie sind:

1. Mentale Prozesse: Die kognitive Psychologie befasst sich mit den mentalen Prozessen, die dem Verhalten zugrunde liegen, und untersucht, wie Informationen verarbeitet, gespeichert und abgerufen werden.
2. Informationsverarbeitungsmodell: Die kognitive Psychologie betrachtet den menschlichen Geist als eine Art Computer, der Informationen verarbeitet. Sie verwendet Modelle und Theorien, um die Komplexität dieser Prozesse zu erklären.

3. Kognition und Verhalten: Die kognitive Psychologie geht davon aus, dass Verhalten und Emotionen das Ergebnis kognitiver Prozesse sind, wie zum Beispiel Denkmuster, Wahrnehmungen und Erwartungen.
4. Wissenschaftlicher Ansatz: Die kognitive Psychologie verwendet empirische Forschung und experimentelle Methoden, um Hypothesen über mentale Prozesse zu testen und ein besseres Verständnis des menschlichen Verhaltens zu erlangen.
5. Kognitive Therapieansätze: Die kognitive Psychologie hat zur Entwicklung kognitiver Therapieansätze beigetragen, die darauf abzielen, dysfunktionale Den

Was wird unter Zeitinkonsistenz respektive hyperbolisches Diskontieren verstanden?

Zeitinkonsistenz und hyperbolisches Diskontieren sind Begriffe aus der Verhaltensökonomie und beziehen sich auf das Verhalten von Menschen bei Entscheidungen, die über die Zeit verteilt sind.

Zeitinkonsistenz: Zeitinkonsistenz beschreibt die Konsistenz von Präferenzen und Entscheidungen im Laufe der Zeit. Wenn eine Person zeitinkonsistent handelt, ändern sich ihre Präferenzen oder Entscheidungen im Laufe der Zeit auf unvorhersehbare oder inkonsistente Weise. Zeitinkonsistenz kann dazu führen, dass Menschen kurzfristige Belohnungen gegenüber langfristigen Zielen bevorzugen, auch wenn sie wissen, dass dies auf lange Sicht nicht optimal ist. Ein klassisches Beispiel für Zeitinkonsistenz ist das Aufschieben oder Prokrastinieren von Aufgaben.

Hyperbolisches Diskontieren: Hyperbolisches Diskontieren ist ein Modell zur Beschreibung der Art und Weise, wie Menschen den Wert zukünftiger Belohnungen im Verhältnis zur Gegenwart bewerten. Im Gegensatz zum exponentiellen Diskontieren, das konstante Diskontraten über die Zeit annimmt, geht das hyperbolische Diskontieren davon aus, dass Menschen zukünftige Belohnungen mit einer abnehmenden Diskontrate bewerten, je weiter sie in der Zukunft liegen. Dies führt dazu, dass der Wert zukünftiger Belohnungen zunächst schnell abnimmt, aber mit der Zeit langsamer abfällt.

Das hyperbolische Diskontieren kann zu Zeitinkonsistenz führen, da die Präferenzen einer Person in Bezug auf Belohnungen sich ändern können, je näher die Belohnungen rücken. Zum Beispiel könnte eine Person beschließen, in einem Monat mit dem Sport zu beginnen, weil der Wert des Trainings in einem Monat als weniger wichtig angesehen wird als der Wert des sofortigen Komforts. Wenn jedoch der Monat vergeht und der Zeitpunkt näher rückt, um mit dem Sport zu beginnen, könnte die Person ihre Entscheidung ändern und das Training erneut verschieben, da der Wert des sofortigen Komforts nun höher erscheint als der Wert des Trainings.

Sowohl Zeitinkonsistenz als auch hyperbolisches Diskontieren haben wichtige Implikationen für das Verständnis von menschlichem Verhalten, insbesondere in Bezug auf Entscheidungen, die langfristige Ziele und kurzfristige Belohnungen betreffen. Die Kenntnis dieser Konzepte kann dazu beitragen, bessere Strategien für die Bewältigung von zeitinkonsistentem Verhalten und die Erreichung langfristiger Ziele zu entwickeln.

Warum nutzen (manche) Menschen ihre Zeit nicht (sinnvoll)?

Es gibt verschiedene Gründe, warum manche Menschen ihre Zeit nicht sinnvoll nutzen. Einige dieser Gründe können individuell sein, während andere auf Umstände oder Umweltfaktoren zurückzuführen sind. Hier sind einige mögliche Gründe:

1. Prokrastination: Viele Menschen neigen dazu, Dinge aufzuschieben, sei es aus Angst vor dem Versagen, Perfektionismus oder einfach aus Unentschlossenheit. Dies führt dazu, dass sie ihre Zeit mit weniger wichtigen oder nicht zielgerichteten Aktivitäten verbringen.

2. Mangelnde Zielsetzung: Ohne klare Ziele oder Prioritäten fällt es schwer, die Zeit effektiv zu nutzen. Menschen, die keine Ziele haben, neigen dazu, sich in weniger wichtigen Aufgaben oder Aktivitäten zu verlieren.

3. Ablenkungen: In der heutigen vernetzten Welt gibt es unzählige Ablenkungen wie soziale Medien, Unterhaltung, Smartphones und vieles mehr. Diese Ablenkungen können es schwierig machen, sich auf das zu konzentrieren, was wirklich wichtig ist.

4. Mangel an Disziplin oder Selbstmanagement: Einige Menschen haben Schwierigkeiten, sich selbst zu organisieren und zu motivieren, was dazu führt, dass sie ihre Zeit ineffektiv nutzen.

5. Fehlende Fähigkeiten oder Wissen: Manchmal sind Menschen sich ihrer Fähigkeiten, Ressourcen oder der verfügbaren Möglichkeiten nicht bewusst, und sie nutzen ihre Zeit nicht sinnvoll, weil sie nicht wissen, wie sie das tun sollen.

6. Stress oder Überforderung: Wenn Menschen gestresst oder überfordert sind, fällt es ihnen oft schwer, sich zu konzentrieren oder Entscheidungen zu treffen. Dies kann dazu führen, dass sie ihre Zeit nicht effektiv nutzen.

7. Bequemlichkeit: Manche Menschen bevorzugen den Weg des geringsten Widerstands und vermeiden Herausforderungen oder Anstrengungen, die ihre Zeit sinnvoll nutzen würden.

Um die Zeit sinnvoller zu nutzen, kann es hilfreich sein, klare Ziele und Prioritäten festzulegen, Ablenkungen zu reduzieren, Selbstmanagement- und Zeitmanagementfähigkeiten zu entwickeln und sich bewusst zu sein, dass die eigene Zeit wertvoll ist.

Wann lohnt es sich, "all in" zu gehen?

"All in" zu gehen bedeutet, sich voll und ganz auf eine Sache zu konzentrieren und alle verfügbaren Ressourcen dafür einzusetzen, um ein bestimmtes Ziel zu erreichen. Diese Strategie ist risikoreich, kann aber auch zu großen Belohnungen führen. Hier sind einige Situationen, in denen es sich lohnen könnte, "all in" zu gehen:

1. Hohe Erfolgswahrscheinlichkeit: Wenn die Chancen für den Erfolg einer Entscheidung oder eines Projekts sehr hoch sind und das Risiko eines Scheiterns relativ gering ist, kann es sich lohnen, all in zu gehen.
2. Einmalige Gelegenheit: Wenn sich eine seltene oder einmalige Gelegenheit bietet, die möglicherweise nicht wiederkehrt, kann es sich lohnen, all in zu gehen, um die Vorteile dieser Gelegenheit zu nutzen.
3. Leidenschaft und Überzeugung: Wenn Sie von einer Idee oder einem Projekt wirklich begeistert und überzeugt sind, kann es sich lohnen, all in zu gehen, um Ihre Vision zu verwirklichen.
4. Akzeptables Risiko: In Situationen, in denen das Risiko überschaubar und akzeptabel ist oder die potenziellen Verluste in einem vertretbaren Rahmen liegen, kann es sich lohnen, all in zu gehen.
5. Anpassungsfähigkeit und Lernbereitschaft: Wenn Sie in der Lage sind, sich an Veränderungen anzupassen und aus Fehlern zu lernen, können Sie in riskanten Situationen besser bestehen, wenn Sie all in gehen.

Es ist wichtig, bei der Entscheidung, all in zu gehen, die potenziellen Risiken und Belohnungen sorgfältig abzuwägen und sich der möglichen Konsequenzen bewusst zu sein. Eine gründliche Analyse der Situation, die Berücksichtigung verschiedener Szenarien und eine ehrliche Einschätzung der eigenen Fähigkeiten und Ressourcen sind entscheidend, bevor man sich für diesen risikoreichen Ansatz entscheidet.

Soll man versuchen, die Zukunft zu gestalten?

Ja, es ist generell ratsam, aktiv daran zu arbeiten, die Zukunft zu gestalten. Indem man an der Gestaltung der Zukunft teilnimmt, kann man Einfluss darauf nehmen, wie sich Ereignisse entwickeln und welche Möglichkeiten entstehen. Die aktive Gestaltung der Zukunft kann sowohl auf individueller Ebene, wie auch auf gesellschaftlicher und globaler Ebene erfolgen. Hier sind einige Gründe, warum es wichtig ist, die Zukunft aktiv zu gestalten:

1. Verantwortung: Als Individuen und als Gesellschaft haben wir die Verantwortung, uns um die Welt und die Menschen um uns herum zu kümmern. Indem wir uns bemühen, die Zukunft zu gestalten, können wir eine bessere Welt für uns selbst und für zukünftige Generationen schaffen.
2. Selbstbestimmung: Indem wir uns aktiv darum bemühen, unsere Zukunft zu gestalten, können wir mehr Kontrolle über unser Leben und unsere Umstände haben. Wir können uns dafür entscheiden, welche Werte und Ziele wir verfolgen möchten und welche Art von Leben wir führen möchten.
3. Problemlösung: Die aktive Gestaltung der Zukunft ermöglicht es uns, auf Herausforderungen und Probleme zu reagieren und Lösungen dafür zu finden. Dies kann sowohl auf persönlicher Ebene, wie auch in Bezug auf größere gesellschaftliche und globale Probleme gelten.
4. Innovation und Fortschritt: Die Zukunft zu gestalten bedeutet, an der Spitze von Innovation und Fortschritt zu stehen. Indem wir uns dafür einsetzen, neue Ideen, Technologien und Lösungen zu entwickeln, können wir dazu beitragen, dass unsere Welt ständig wächst und sich verbessert.
5. Gemeinschaft und Zusammenarbeit: Die Gestaltung der Zukunft erfordert Zusammenarbeit und gemeinschaftliches Handeln. Indem wir uns mit anderen Menschen zusammenschließen und gemeinsam an der Gestaltung unserer Zukunft arbeiten, können wir stärkere und widerstandsfähigere Gemeinschaften aufbauen.

Es ist wichtig, bei der Gestaltung der Zukunft sowohl kurzfristige als auch langfristige Perspektiven zu berücksichtigen und sich auf die Prioritäten und Werte zu konzentrieren, die für uns als Individuen und als Gesellschaft am wichtigsten sind.